元総理通訳が教える
たった2単語で
話がはずむ英会話

中川浩一

青春新書
INTELLIGENCE

はじめに

外交・ビジネスの場面で最も頼りにする100フレーズ

「英語で話すのは苦手」
「英語は自信がない」
「英語をもう一度やり直したい」
　そして、
「ビジネスの現場で英語を堂々と話したい！」
　そう願う人たちが、短期間で見違えるように英話をモノにするには？
　効率的に英語を学び、身につけるためには、正しいノウハウと戦略が必要です。

　本書には、わずか100のフレーズしか載せていません。
　いずれも、2単語以内の超ミニフレーズです。
　しかしながら、この超ミニフレーズは、日常的に英会話でよく使われる上、シンプルでありながらビジネス英語の「武器」ともなりうる、頼れるマジックフレーズばかりです。

　この100のマジックフレーズは、私が外務省入省後、外交官として米国や中東の日本大使館に勤務した経験、また、天皇陛下、総理大臣の通訳官を務めた経験をもとに厳選した、実務で大いに役立つフレーズばかりです。

外務省退職後も、現在のビジネスコンサルタントの仕事において、日々の外国人とのコミュニケーションや交渉の場面で最も頼りにしている即戦力の英語フレーズでもあります。

私の英語人生を支える最強の武器ともいえる、この100のマジックフレーズを、本書で初公開します。

本書の100フレーズを身につければ、外国人との英会話に自信を持つことができ、さらに高度で専門的な英語学習へとつなげていけるレベルに到達できます。

世界が激しく変貌する現代、世界の共通言語である英語の重要性はますます高まっています。

英語を使える人と使えない人とでは、この先の人生がまったく違ってくるでしょう。就ける職業、できる仕事の範囲が格段に違ってきますし、英語を使えないと世界から置き去りにされる可能性さえあります。

AIや翻訳ツールもありますが、自分の思いやニュアンスを伝える能力には限界があります。

オンラインで世界中とつながり、それがさらに急速に発展していくこれからの時代において、英語で自分の思いを伝える能力がますます必要不可欠となっていくことは間違いありません。

英語が苦手、英語は自信がない、というあなたも、本書で提案する英語の習得術、およびマジックフレーズ100をマスターすれば、自分の英語力でも十分に英語でコミュニケーションがとれるということに気づけるはずです。

「日本語ファースト」が最強の英語攻略法

　私は外務省に入省した24歳のとき、世界の言語の中でも最難関といわれるアラビア語を、ゼロから学ぶことになりました。

　字を書く練習や発音練習からスタートし、現地エジプトでの語学研修を経て、わずか4年8か月後には、歴史に名を残す人物であるパレスチナ解放機構（PLO）のアラファト議長のアラビア語通訳を務めることができるようになりました。

　その後、天皇陛下、皇太子殿下はじめ、小泉純一郎首相、安倍晋三首相（いずれも当時）、外務大臣などの通訳を数多く行いました。

　総理通訳になるまでの道のりは苦難の連続でしたが、その中で私は、最も効率的で最短ルートの外国語攻略法を自ら編み出し、身につけることができたのです。

　エジプトでの語学研修中の3年間、私には外務省からアラビア語と同時に英語も勉強し、2つの外国語を同時に、外交の通常業務で使えるレベルにまですることが課せられました。

　私は、京都の田舎の公立高校出身で、帰国子女ではありませんし、学生時代に留学経験もありません。大学受験英語しか学んでこなかったので、外国人との英会話能力は非常にお寒い状況でした。

　そこで私は、アラビア語と同時に英語の学習において

はじめに　005

も、自ら編み出したアラビア語習得法と同じノウハウで、ゼロから英語を鍛え直しました。

　英語やアラビア語に限りませんが、外国語習得の一番のポイントは、「日本語ファースト」という考え方です。

　まず、日本語で話す内容を考え、それから素早く外国語に置き換えること！　この置き換えの時間の「短縮」が、英会話の流暢さにつながっていくのです。

　そういうと、「英語を話すには、英語で考える」のが基本ではないか、英会話の授業でそう習った、と反論する人もいるのではないかと思います。

　なぜか日本では、「英語を話すなら英語で考えなければならない」という考え方が主流になっています。"英語脳"になれ、ということです。

　ではなぜ、日本人は、いつまでたっても英語が話せないのでしょうか？

　理由は、簡単です。

「英語脳で話す内容を考えようとする」からです。

　もともと英語脳が備わっている人、すなわち帰国子女であったり、長期間、英語圏に滞在して英語脳を身につけたりした人であれば、英語は英語で考えるという論理はあてはまるかもしれません。

　しかし、日本語を母国語としていれば、普通は日本語で考えます。

　それが英語となった瞬間に、英語で考えなければならなくなる。それで脳が混乱し、英語が話せなくなるのです。

　私を含め、多くの日本人は帰国子女ではないし、まだま

だ長期で留学を経験できるような方は少ないと思います。

　そうであるなら、多くの日本人には、英語脳は必要ありません。

　日本人が最も自然な流れで、難なく英語を自分のものにする方法、それは英語で話す前に「日本語脳」で考えることなのです。

　日本語ファーストの真髄は、これまでの「英語を英語に置き換えること」から、「日本語を英語に置き換えること」にシフトするということです。

　日本語を英語に置き換えることとは、日本語で考え、"日本語でいいたいことを英語でシンプルにいう"ことにほかなりません。

　それがいかに効率的な英語学習法かは、英会話能力が乏しかった私が、わずかな期間で、重要な外交交渉を任されるようになれたことが実証していると思います。

　そして、これは通訳の能力の真髄でもあるのです。

　ちなみに、外交のプロの通訳の日本語から外国語への「置き換え」時間は、ゼロ秒台前半が目標です。まさに瞬時といえます。

実際に役に立つのは、 原則1単語または2単語の超ミニフレーズ

　本書で紹介しているフレーズは、外国人と話すときによく使い、あるいはよく聞く、1単語か2単語のフレーズばかり。いわば「超ミニ」フレーズです。

はじめに　007

なぜ「超ミニ」なのか。

それは、ぜひ読者のみなさんに、実際に発音して覚え、使ってみてほしいからです。

私がアラビア語を24歳でゼロから学び始めて、総理通訳までできるようになったのは、とにかく話すために短いフレーズから覚え、そして実際に外国人の前で発音する訓練を地道に重ねていったからです。いきなり長い文章を覚えていては、あの短期間で外国語をマスターすることは、とうてい無理だったでしょう。

ところが、日本で売られている英会話本の例文は、たいてい長文です。英語が苦手な人にとっては、なかなか覚えられず、結局、最初の数ページで放り出してしまった……そんな経験がある人もいるのではないでしょうか？

英語を話すときに大事なのは、自分のいいたいことをシンプルに伝えることです。

そうであれば、日本語でも一言あれば伝わるように、英語でも1単語、せいぜい2単語でなるフレーズを覚えればいい。外国人とのビジネスシーンにおける実際の会話や交渉で役に立つのは、長い難しい文章ではなく、原則1単語または2単語の超ミニフレーズでまずは十分なのです。

細かな文法にもこだわる必要はありません。ネイティブスピーカーは、動詞の文法で3単元のSがついてなくても、十分理解してくれます。間違いを恐れず、積極的にしゃべっていくようにしましょう。

最後になりますが、あらためて英語を上達させる、たっ

た一つの道をお伝えしたいと思います。

それは、あなたの口から、いいたいことを恥ずかしがらずに「音で出す」。そして、それを自在に変化させていくことです。

あなたの脳の中で、いいたいことの「イメージ」をまず日本語でしっかり持ってから、それを英語に置き換えて伝えるのです。

そこでは小手先のテクニックは必要ありません。

本書で身につけた100のマジックフレーズで、自信を持ってシンプルに英語を話すだけで、十分にネイティブと会話が成り立つようになります。

それでいいのです。英会話でかしこまる必要はありません。長い文章なんてもっと必要ありません。

ましてや、一言一句、順番に正しく英語に訳そうなんて思っていると、いつまでも話すことができません。

要は、その時々の最も大切な感情や思いが相手に伝わればいいのです。

それさえできれば、あとは自由な発想でスムーズに話せるようになります。

そして、それがきっかけで自信が生まれ、日に日に英語が上達し、結果的に自分の英語で100%伝わる、ということになるのです。

この本で、読者のみなさまの英語へのハードルが取り除かれることを期待しています。

中川 浩一

たった2単語で話がはずむ英会話
Contents

はじめに 外交・ビジネスの場面で最も頼りにする100フレーズ 003
本書の特徴と使い方 015

立派な英語スピーカーになれる
とっておきの英語フレーズ35

Phrase	001	表現できない Beyond description	020
Phrase	002	ゼロから From scratch	022
Phrase	003	満場一致で Unanimously	024
Phrase	004	検討中 Under consideration	026
Phrase	005	状況次第 It depends	028
Phrase	006	前もって In advance	030
Phrase	007	相前後して In tandem	032
Phrase	008	悪循環 Vicious cycle	034
Phrase	009	こじつけ Far fetched	036
Phrase	010	分岐点 Turning point	038
Phrase	011	絶対だ Absolutely	040
Phrase	012	確実だ Definitely	042
Phrase	013	了解です Certainly	044
Phrase	014	そのとおり！ Exactly!	046
Phrase	015	残念 Unfortunately	048
Phrase	016	比較的 Relatively	050

Phrase	017	**緊急** Urgent!	052
Phrase	018	**きわめて難しい** Extremely difficult	054
Phrase	019	**率直にいうと** Frankly speaking	056
Phrase	020	**世界は狭いね** Small world	058
Phrase	021	**進行中** Ongoing	060
Phrase	022	**うまくいっている** On track	062
Phrase	023	**真面目に** Seriously	064
Phrase	024	**よくあること** It happens	066
Phrase	025	**並行して** In parallel	068
Phrase	026	**とりあえず** Tentatively	070
Phrase	027	**条件なしで** Without condition	072
Phrase	028	**時のたつのは早い** Time flies	074
Phrase	029	**手ごわい交渉相手** Tough negotiator	076
Phrase	030	**例外なしに** Without exception	078
Phrase	031	**際立っている** Outstanding	080
Phrase	032	**圧倒的** Overwhelmingly	082
Phrase	033	**すばらしい** Remarkable	084
Phrase	034	**無駄に** In vain	086
Phrase	035	**集中的に** Intensively	088

Column1 リスニングのコツを教えます … 090

外国人と話すときに覚えておきたい
即戦力英語フレーズ 35

Phrase	001	**いいね！** Sounds good!	094
Phrase	002	**都合が良い** Available	096

Phrase	003	他にない？ Anything else?	097
Phrase	004	五分五分 Fifty fifty	098
Phrase	005	妥当です Fair enough	099
Phrase	006	どうぞ Go ahead!	100
Phrase	007	わかった！ Got it!	102
Phrase	008	よくやった Good job	103
Phrase	009	願ってるよ Hopefully	104
Phrase	010	興味深い Interesting!	106
Phrase	011	感謝します I appreciate	108
Phrase	012	今すぐ Right away	110
Phrase	013	ありえない！ No way	111
Phrase	014	間違いない No doubt	112
Phrase	015	たいしたことない Nothing special	114
Phrase	016	必要ない Not necessary	115
Phrase	017	心配ない No worries	116
Phrase	018	完璧だ Perfect!	118
Phrase	019	びっくり Surprising!	120
Phrase	020	想定外 Never thought	122
Phrase	021	調子が悪い Something wrong	123
Phrase	022	どういたしまして My pleasure	124
Phrase	023	おおよそ Roughly	126
Phrase	024	実際は Actually	127
Phrase	025	時宜を得た Timely	128
Phrase	026	わざと On purpose	130
Phrase	027	すごい Amazing!	132
Phrase	028	一大事だ Big deal!	134
Phrase	029	基本的には Basically	136
Phrase	030	ついに Finally!	138
Phrase	031	快適 Comfortable	140

Phrase	032	対面で In person	142
Phrase	033	正直に Honestly	143
Phrase	034	見当もつかない No idea	144
Phrase	035	ひどい！ Disgusting!	146

Column2 総理通訳の仕事とは ···················· 148

Part3

外国人との会話に欠かせない
基礎英語フレーズ 30

Phrase	001	大丈夫 All right	154
Phrase	002	おめでとう Congratulations!	155
Phrase	003	すべて順調？ Everything OK?	156
Phrase	004	良い旅を！ Safe trip!	157
Phrase	005	頑張れ！ Good luck!	158
Phrase	006	そうなんだ I see	159
Phrase	007	不可能だ Impossible!	160
Phrase	008	もし可能なら If possible	161
Phrase	009	同意します I agree	162
Phrase	010	さみしいよ Miss you	163
Phrase	011	私も Me too	164
Phrase	012	たぶんね Maybe	165
Phrase	013	まあまあ Not bad	166
Phrase	014	確かでない Not sure	167
Phrase	015	まだです Not yet	168
Phrase	016	問題ないよ No problem	169
Phrase	017	もちろん Of course	170

Phrase	018	どうして？ Why not?	171
Phrase	019	本当？ Really?	172
Phrase	020	信じられない Unbelievable	173
Phrase	021	有名な Well known	174
Phrase	022	気をつけてね Take care	175
Phrase	023	機能していない Not working	176
Phrase	024	信じて Trust me	177
Phrase	025	よろしく Say Hello	178
Phrase	026	お大事に Bless you	179
Phrase	027	楽しんでね Enjoy yourself	180
Phrase	028	もう一度 Try again	181
Phrase	029	良い質問だね Good question	182
Phrase	030	あなたの番 Your turn	183

Column3 英会話で重要な「二の矢」の打ち方のコツとは …… 184

おわりに 英語学習に疲れた、と感じたときには 187

編集協力 / スーパーサウルス（落合篤子、坂口香津美）

本文 DTP/ マーリンクレイン

本文イラスト / emma‐stock.adobe.com

本書の特徴と使い方

　本書では、100の超ミニフレーズを、使用するシーンや難易度別で、3つのカテゴリーに分けました。

　最初の**Part1（35項目）は、英語が苦手な方でも、立派な英語スピーカーになれるとっておきのマジックフレーズ**です。そのため、やや難解なフレーズ、単語もありますが、思いきりジャンプする気持ちで、使ってみてください。

　次の**Part2（35項目）は、外国人との会話でより頻繁に出てくるフレーズ**です。即戦力ともいえるフレーズたちです。

　最後の**Part3（30項目）は、基礎的な表現**。英語が苦手な人であっても、「この程度のフレーズなら知ってるよ」と思われるかもしれません。しかし、これらの基礎フレーズは、会話の柱になるものです。ここであらためて使ってみて、確実に自分のものにしていきましょう。

　本書の中には、実際にあなたが使えるような会話例を入れました（ただし、あくまでも2単語以下にするために、あえて主語、目的語を省いている会話もあります）。

　本書の特徴は、まずあなたから相手に話しかけて会話が始まり、会話の最後にあなたがマジックフレーズを使う形にしていることです。会話の主導権はあなたにあるのです。

015

本書で効率的に学ぶための、おすすめする勉強法は、

（1）冒頭の日本語と英語の単語、あるいはフレーズを
　　セットで覚える。その際、かならず日本語→英語の順
　　番で覚える。
（2）会話例を見て、実際に英語を声に出して読み、自分
　　が会話の主人公である
　　ことを意識する。
（3）最後に会話例の日本
　　語を見ながら、英文を
　　書いてみる。（2）で声に
　　出した英文、単語を文
　　字化することで記憶が定
　　着するからです。

日本語を英語にどう置き換
えるのかを訓練し、その「置
き換え」のスピードを速めて
いくことが秘訣です。

もしあなたに語学パート
ナーがいたら、パートナーに
本書の日本語の単語、例文を
いってもらい、それをあなた
がどれぐらいの速さで英語に
置き換えることができるか試
してみてください。

最初は驚くほど、英語が出

> 冒頭で、よく使うフレーズを
> 日本語と英語のセットで紹介

Phrase
001 表現できな

Beyond description

🔊 ビヨンドディスクリプション

◯ **こんな場面で使う**

beyond は「〜の範囲を超え
description は「説明、描写」い
つまり、「表すことができないほど
ズになります。自然の美しさや荘

> 会話例。実際のシーンをイ
> メージして、声に出して読ん
> でみてください

会話例1

あなた　Finally we have arri
　　　　Mt.Fuji.（ようやく、富士山頂に到着

相手　　We did it. The view is r
　　　　（ついにやったね！　本当に素晴らしい

あなた　Beyond description!
　　　　（言葉にできないくらい美しいよ

会話例2

あなた　Do you like Shohei Ota
　　　　（メジャーリーグの大谷翔平選手は好き

020

てこないと思いますが、訓練するうちに、間違いなく出てくるようになります。なぜならあなたは日本人で、日本語がベースである以上、あとは「才能」ではなく「訓練」の世界になるからです。

本書の100のマジックフレーズを、恥ずかしがらずに、どんどん声に出して、自分のものにしていきましょう。実

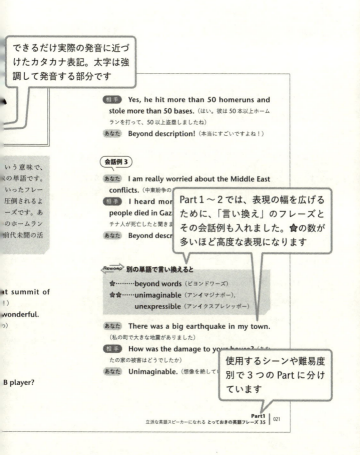

できるだけ実際の発音に近づけたカタカナ表記。太字は強調して発音する部分です

Part1～2では、表現の幅を広げるために、「言い換え」のフレーズとその会話例も入れました。☆の数が多いほど高度な表現になります

使用するシーンや難易度別で3つのPartに分けています

本書の特徴と使い方 017

際に話すための手助けとして、本書では発音をカタカナで表しています。もとより英語の発音を日本語で正確に表記することはできませんので、あくまで英語を話すハードルを下げるための一助だと割り切っていただければ幸いです。大切なのは、ネイティブレベルの発音を最初から目指すことではなく、発音がぎこちなくても、アクセントが違っていても、あなたから積極的に話すということです。この練習によって、あなたの英語力は格段にアップします。

　その後、さらにあなたの英会話を一段上のレベルに引き上げるために、「言い換え」を実践していただきたいと思います。
　そのために、本書には、「別の単語で言い換えると」をPart1およびPart2の項目に入れました（Part3は、言い換えようのない基礎フレーズです）。
　一つの英単語のみでは表現が限られるので、同じような意味合いの英単語に「言い換える」練習をすること。それが英会話の上達の極意です。
　言い換えの単語は、「★（やさしい）」「★★（やや難しい）」「★★★（難しい）」で難易度を表しています。
　かなり難解な単語も入っていますが、これらをマスターすることで、表現力がさらにパワーアップして、ますます自信を持って外国人と話すことができるでしょう。

　それでは、さっそく始めましょう！

立派な
英語スピーカーになれる
とっておきの英語フレーズ
35

Magic phrase 35

Phrase

001 | 表現できない

Beyond description

🔊 発音 ビヨンドディスクリプション

○ こんな場面で使う

beyond は「〜の範囲を超えて」という意味で、description は「説明、描写」いう意味の単語です。つまり、「表すことができないほどの」といったフレーズになります。自然の美しさや荘厳さに圧倒されるようなシーンでぜひ使ってみてほしいフレーズです。あるいはメジャーリーグでの大谷翔平選手のホームラン50本、盗塁50の「50・50」のような前代未聞の活躍に対する賞賛などにも使えます。

会話例 1

あなた **Finally we have arrived at summit of Mt.Fuji.** （ようやく、富士山頂に到着したよ！）

相手 **We did it. The view is really wonderful.**
（ついにやったね！　本当に素晴らしい眺めだわ）

あなた **Beyond description!**
（言葉にできないくらい美しいよ）

会話例 2

あなた **Do you like Shohei Otani MLB player?**
（メジャーリーグの大谷翔平選手は好きですか）

相手 Yes, he hit more than 50 homeruns and stole more than 50 bases. (はい。彼は50本以上ホームランを打って、50以上盗塁しましたね)

あなた Beyond description! (本当にすごいですよね！)

会話例3

あなた I am really worried about the Middle East conflicts. (中東紛争のことが本当に心配です)

相手 I heard more than 40,000 Palestinian people died in Gaza. (ガザ地区では、4万人以上のパレスチナ人が死亡したと聞きました)

あなた Beyond description! (筆舌に尽くしがたいです)

REWORD 別の単語で言い換えると

☆………beyond words (ビヨンドワーズ)
☆☆……unimaginable (アンイマジナボー),
　　　　unexpressible (アンイクスプレシッボー)

あなた There was a big earthquake in my town. (私の町で大きな地震がありました)

相手 How was the damage to your house? (あなたの家の被害はどうでしたか)

あなた Unimaginable. (想像を絶していました)

Part1
立派な英語スピーカーになれる とっておきの英語フレーズ35

Phrase

002 | ゼロから

From scratch

🔊発音 フロームスクラッチ

🔵 こんな場面で使う

ビジネスシーンでは必須の用語です。例えば、企画をプレゼンしてきたものの、却下されて、ゼロから練り直さなければならなくなったときなどに使います。日常会話でもよく使いますので、下記例文でイメージしてください。

会話例1

あなた Happy birthday! This cake is present for you. （お誕生日おめでとう。このケーキはプレゼントよ）

相手 What a beautiful cake! Did you make it?
（なんてきれいなケーキ。あなたが作ったの？）

あなた From scratch. （ええ、全部自分で一から作ったわ）

会話例2

あなた I would like to speak French fluently.
（フランス語を流ちょうに話したいな）

相手 Have you learned French before?
（これまでフランス語は習ったことがあるの？）

あなた From scratch. （いいえ、ゼロからだよ）

会話例 3

あなた Could you let me know your evaluation for my proposal?（私の提案はいかがでしたか）

相手 I think you should reconsider this proposal.（この提案は練り直したほうがいいと思います）

あなた From scratch?（最初からですか）

REWORD 別の単語で言い換えると

☆⋯⋯⋯from zero（フロームゼロ），
from the beginning（フロームザビギニング），
from nothing（フロームナッシング）

あなた Your result is worse than I expected. You should review your textbooks.

（思ったより成績が悪いね。教科書の復習をしなきゃ）

相手 Where should I redo?

（どこからやり直せばいいですか）

あなた From the beginning.（最初からだよ）

Part1
立派な英語スピーカーになれる とっておきの英語フレーズ35 023

Phrase

003 | 満場一致で

Unanimously

🔊発音 ユナニマスリー

◯ こんな場面で使う

会議などで、提案や報告書が満場（全会）一致で承認、採択されるケースで多く使用します。グローバルに活躍するビジネスパーソンにとっては必須表現です。外交の場面でもよく使います。

会話例1

あなた **Shall we go for ramen for lunch?**

（昼飯はラーメンなんてどうかな？）

相手 **Good. We feel like to eating ramen today.**

（いいね。今日はラーメン食べたいと思っていたんだ）

あなた **Unanimously.** （全員一致だ）

会話例2

あなた **I made every efforts to become the member of class committee.** （僕は学級委員になるためにできる努力は全部やった）

相手 **Then how did you select its member?**

（それで、結局どんなふうに選ばれたの？）

あなた **Unanimously.** （満場一致だったよ）

会話例 3

あなた **Japanese government submitted the draft of decision yesterday.**（日本政府は昨日、決議案を提出しました）

相手 **How many countries were in favor of this decision?**（何か国がこの決定に賛成したの？）

あなた **Unanimously.**（満場一致でした）

REWORD 別の単語で言い換えると

☆⋯⋯⋯unitedly（ユナイテッドリー）

☆☆⋯⋯by common consent

（バイコモンコンセントゥ）

あなた **Construction of this building will cost a considerable amount of money.**（このビルの建設には相当な費用がかかります）

相手 **How is the reaction of residents?**（住民の反応はどうでしたか）

あなた **By common consent.**（みなの同意がありました）

Part1
立派な英語スピーカーになれる とっておきの英語フレーズ 35 | 025

Phrase

004 | 検討中

Under consideration

🔊発音 アンダーコンスィダレーション

◯ こんな場面で使う

「検討中」「考慮中」という意味で、具体的には、何かを判断する前に、それについて深く考える、あるいは詳細に調査する状態を指します。例えば、企業が新製品の開発を検討している場合、その新製品は「under consideration」であると表現します。

日本で「検討をする」というと、相手のオファーを断るニュアンスが含まれる場合もありますが、アメリカでは「検討をする」＝「真剣に考えて返事をする」という前向きなニュアンスがあるので気をつけましょう。

会話例 1

あなた I am afraid I will be very busy this summer.
（この夏はとても忙しくなりそう）

相手 Oh, you will not take summer vacation?
（夏期休暇はとらないんだね）

あなた Under consideration. （いや、考え中なんです）

会話例 2

あなた You made a big success for this tournament.

026

（今回のトーナメントは大成功だったね）

相手 So, I would like to get some reward.

（うん、だから何かご褒美が欲しいな）

あなた Under consideration.（考えているよ）

会話例 3

あなた I look forward to your new product.

（御社の新しい製品を楽しみにしていますよ）

相手 How is our idea for sustainable food?

（弊社のサステナブルフードの案はいかがでしたか）

あなた Under consideration.（前向きに検討中です）

REWORD 別の単語で言い換えると

☆………not final（ノットファイナル）

☆☆……under review（アンダーレビュー），

under examination

（アンダーイグザミネーション）

あなた This year, the Giants will be number one team in Japan.（今年は巨人が日本一になるよ）

相手 For this, I think they should get a major leaguer.（そのためには、巨人は大リーグの選手を獲得しないとね）

あなた Under examination.

（〈どの選手にするか〉調査中のようだよ）

Part1
立派な英語スピーカーになれる とっておきの英語フレーズ 35

Phrase 005 | 状況次第

It depends

 イットディペンズ

◯ こんな場面で使う

英語圏で生活をしていると、イエスノーをはっきりいうことが求められますが、時にはどう判断していいかわからず、とっさに答えられないこともあります。そんなとき、「一概にはいえない」という意味でこの表現が役立ちます。

会話例 1

あなた It seems my mother wants to see my children as soon as possible. (母は私の子どもの顔がなる早で見たいみたい)

相手 When are you going to married? (いつ結婚するの？)

あなた It depends. (状況次第だから、なんともいえないわ)

会話例 2

あなた Could you have a business trip to Kyoto tomorrow? (明日、京都に出張に行ってもらえますか)

相手 What is the fastest way to arrive at Kyoto? (京都へはどうやって行くのがいちばん早いですか)

あなた It depends. (場合によりますね)

会話例 3

あなた Are you considering our offer?

（我々の提案、ご検討いただいていますか）

相手 Very good. We would like to make contract if you can discount more. （とても良いです。もし値引きしていただけるなら、契約したいです）

あなた It depends. （それは値段次第ですね）

REWORD **別の単語で言い換えると**

☆………on condition （オンコンディション）,

in some cases （インサムケースィーズ）

☆☆☆…according to circumstances

（アコーディングトゥーサーカムスタンスィーズ）

あなた I heard you suffered serious damage.

（ひどい被害にあわれたと伺いました）

相手 I would like to sue for defamation, but will I be able to win in court? （名誉棄損で訴えたいのですが、裁判で勝てますか）

あなた According to circumstances. （状況次第ですね）

Part1
立派な英語スピーカーになれる とっておきの英語フレーズ 35 | 029

Phrase

006 | 前もって

In advance

🔊 インアドバンス

🔵 こんな場面で使う

　日本語のビジネスシーンで「事前にお知らせします」「あらかじめご用意ください」のようなフレーズを使うことがあります。また、カジュアルなシチュエーションでも、「事前に知らせるね」ということがあります。このフレーズを使うことでビジネス英語や日常英会話の表現力がレベルアップします。

会話例 1

あなた Can I buy ticket anytime?（チケットはいつでも買えますか）

相手 Yes, but it is better to do as early as possible.（はい、でも、できるだけ早く買ったほうがいいですよ）

あなた In advance.（前もって買いますね）

会話例 2

あなた I forgot to attend the online meeting today. I am so sorry.（今日、オンライン会議に出席するのを忘れてました。本当にすみません）

相手 You should check your schedule by

yourself.（ちゃんと自分でスケジュールを確認してください）

あなた **In advance.**（前もって確認します）

会話例3

あなた **I would like to know the details of the meeting.**（会議の詳細を知りたいです）

相手 **You can know once it begins.**
（会議が始まればわかりますよ）

あなた **In advance.**（前もって知りたいんです）

REWORD 別の単語で言い換えると

☆☆……**beforehand**（ビフォーハンドゥ）,
ahead of time（アヘッドオブタイム）
prior to（プライアートゥー）

あなた **I will move next week.**（来週引っ越すのよ）

相手 **Has the new construction work been completed？**（新築の工事はもう終わったの？）

あなた **Ahead of time.**（予定より早かったの）

Part1
立派な英語スピーカーになれる とっておきの英語フレーズ35 031

Phrase

007 | 相前後して

In tandem

発音 インタンデム

○ こんな場面で使う

物事が相前後して起こる、あるいは、二つの事象が連動するようなケースで使います。日常会話、ビジネスシーン双方でよく使われる表現です。

会話例1

あなた How are you today?（今日は調子はどう？）

相手 The good news has come with bad news today.（今日は良い知らせに次いで悪い知らせがあるんだ）

あなた In tandem.（両方あるんだね）

会話例2

あなた My hobby is riding a bicycle with my child on weekends.（週末に子どもと一緒にサイクリングをするのが趣味です）

相手 What do you like to ride a bicycle?（自転車にはどのような乗り方をするんですか）

あなた In tandem.（前と後ろの二人乗りです）

会話例3

あなた Why is the price of everyday items

soaring?（なぜ、日用品の価格は高騰するのですか）

相手 **Because our daily life is influenced by world economic trends.**（私たちの日常生活は世界の経済動向に影響を受けているからです）

あなた **In tandem.**（連動しているんですね）

REWORD **別の単語で言い換えると**

☆………together（トゥゲザー）
☆☆……jointly（ジョイントリー），
　　　　　in collaboration（インコラボレーション）

あなた **Last year, both of my parents passed away due to illness.**（昨年、両親とも病気で亡くしました）

相手 **Please accept my condolences. Was your parent's property divided with your younger brother?**（お悔み申し上げます。ご両親の財産は弟様と分割されたのですか）

あなた **Jointly.**（共同で管理しています）

Part1
立派な英語スピーカーになれる **とっておきの英語フレーズ 35**

Phrase

008 | 悪循環

Vicious cycle

発音 🔊 ビシャスサーコー

◯ こんな場面で使う

国際社会で、攻撃と報復の連鎖が続いています。悪循環を断ち切れません。経済でも賃金と物価の関係が問題になっています。グローバル社会でも、日常生活でも使う表現で、知っていると、ビジネス英語上級者と思わせることができます。

会話例 1

あなた **I have no money to live and no energy to work.**（私は生活費を持っていないんです。なので、働くエネルギーもありません）

相手 **That is why you cannot earn money.**
（だからあなたはお金を稼げないんですね）

あなた **Vicious cycle.**（負の連鎖なんです）

会話例 2

あなた **Why the price is soaring while the wage is not soaring?**（どうして賃金が上昇しないのに、物価だけ上昇するんだろう？）

相手 **If the wage does not soar, people can not buy more, so economic situation will be worse.**

（もし賃金が上がらなかったら、人々はモノを買わなくなって、経済状況はさらに悪くなるよね）

あなた **Vicious cycle.**（まったく、悪循環だよ！）

会話例3

あなた **I think Israel should stop attacking Hamas.**（私はイスラエルはハマスへの攻撃をやめるべきと思います）

相手 **But Hamas will continue to retaliate Israel.**（でも、ハマスもイスラエルへの報復を続けるでしょう）

あなた **Vicious cycle.**（悪循環なんです）

REWORD **別の単語で言い換えると**

☆………bad pattern（バッドパターン）
☆☆☆…negative loop（ネガティブループ）, downward spiral（ダウンワードスパイラル）

あなた **It's hard to say, but have you gained a little weight?**（いいにくいですが、少し太りましたか）

相手 **Yes, when I eat something sweet, I crave something spicy, and when I eat something spicy, I crave something sweet.**（はい、甘いものを食べると辛いものが食べたくなり、辛いものを食べると甘いものが食べたくなるんです）

あなた **Negative loop.**（負の連鎖ですね）

Part1
立派な英語スピーカーになれる とっておきの英語フレーズ35 035

| Phrase |

009 | こじつけ

Far fetched

発音 ファーフェチトゥ

◯ こんな場面で使う

　直訳すると、「遠くまで取りに行って戻ってきた」となりますが、これは何かの考えや計画、説明などがうまく作られてはいるが、不自然でとうてい本当とは思えない、現実離れした、こじつけという意味になります。現実と遠くかけ離れた作り話を持ってきた、ということです。ビジネスシーンでよく使います。

会話例1

あなた　**Have you played baseball before?**
（これまでに野球をやったことがありますか）

相手　**No, but I have a dream to be MLB player like Shohei Otani.**（ないです、でも大谷翔平のようなメジャーリーグ選手になる夢はあります）

あなた　**Far fetched.**（ありえないね）

会話例2

あなた　**You were too late for this meeting.**
（会議に来るのが遅すぎるよ）

相手　**I am sorry but my parents suddenly had a serious cold.**（ごめんなさい。でも私の両親が重い風邪をひい

てしまったんです)

あなた **Far fetched.**（そんなのうそでしょ）

会話例 3

あなた **Why your sales result was so terrible this year?**（どうして今年の販売成績はこんなにひどかったの？）

相手 **I have no idea , but I believe the next year sales will be doubled.**（わかりません。でも、来年の販売成績は2倍になると信じています）

あなた **Far fetched.**（無理があるよ）

REWORD 別の単語で言い換えると

☆………unlikely（アンライクリー）

☆☆☆…improbable（インプロバボー），
　　　　implausible（インプロースィボー）

あなた **Chunichi Dragons has been at the bottom for three consecutive years.**（ドラゴンズは3年連続最下位ですね）

相手 **It will win this year.**（今年は優勝します）

あなた **Unlikely.**（可能性は低いですよ）

Part1
立派な英語スピーカーになれる **とっておきの英語フレーズ 35**　037

Phrase

010 | 分岐点

Turning point

🔊発音 ターニングポイントゥ

◯ こんな場面で使う

　ターニングポイントとは、変わり目、分岐点などを意味する言葉です。人生におけるターニングポイントはその人の考え方によって変わってきますが、進学や就職、転職、起業、恋愛や結婚、出産など、人生の重要な節目となる場面を指します。

　ビジネスや国際政治でも使用頻度の高い言葉です。

会話例1

あなた **I got married when I started to study Arabic in Egypt.**（エジプトでアラビア語の勉強を始めるのと同時に結婚しました）

相手 **I think your marriage was very courageous decision.**（結婚は勇気ある決断でしたね）

あなた **Turning point.**（ターニングポイントでした）

会話例2

あなた **You were always tired when you worked for a company.**（あなたは会社勤めのときはいつも疲れてたね）

相手 **I have not worked since my child was**

born, but I am satisfied with current life. (私は出産してから働いてないけど、いまの生活に満足してるわ)

あなた **Turning point.** (節目だったね)

(会話例3)

あなた **United States have gradually decreased their military power.** (アメリカは軍事力を徐々に減らしてきています)

相手 **Since the Iraqi war in 2003.** (2003年のイラク戦争以来ですね)

あなた **Turning point.** (そこが分岐点でした)

REWORD **別の単語で言い換えると**

☆☆……crossroads (クロスローズ),
　　　　 milestone (マイルストーン)
☆☆☆…watershed (ウォーターシードゥ)

あなた **Recently, there has been an increase in news coverage regarding the insurance system.** (最近、保険制度に関する報道が増えましたね)

相手 **The Japanese health insurance system faces many challenges.** (日本の保険制度は多くの課題に直面しています)

あなた **Crossroads.** (岐路ですね)

Part1
立派な英語スピーカーになれる とっておきの英語フレーズ35

039

Phrase

011 | 絶対だ

Absolutely

🔊発音 アブソリュートゥリー

◯ こんな場面で使う

主に強い肯定を表す単語で、相手が示唆することや自分の意見が正しいということを強調するときに使います。このフレーズを使えると、英語を使い慣れていると相手に思ってもらえるマジック効果もあります。

会話例 1

あなた **Can I help you?** （お困りですか）

相手 **I want to eat something. Could you introduce good restaurants?** （何か食べたいんです。どこかいいレストランを教えていただけますか）

あなた **Absolutely!** （もちろん）

会話例 2

あなた **I sometimes do not have breakfast.**
（時々朝食をとらないことがあります）

相手 **You should take breakfast everyday otherwise you can not work hard.** （朝食は毎日とるべきです。そうしないとしっかり働けませんよ）

あなた **Absolutely.** （そのとおりですね）

040

会話例 3

あなた **I will have to make a presentation today.**

（今日、プレゼンをしないといけないんだよ）

相手 **Were you nervous yesterday for preparation?** （その準備があったから、昨日イライラしてたの？）

あなた **Absolutely!** （その通りさ）

Reword **別の単語で言い換えると**

☆………truly（トルゥーリー）
☆☆……indeed（インディードゥ）、
　　　decidedly（ディサイディドリー）
☆☆☆…undoubtedly（アンダウテッドゥリー）

あなた **I am looking forward to English lessons.**

（英語の授業が楽しみなんです）

相手 **Your teacher is very good.**

（とても良い先生なのですね）

あなた **Indeed!** （実に）

Part1
立派な英語スピーカーになれる とっておきの英語フレーズ 35

| Phrase |

012 | 確実だ

Definitely

発音 🔊 デフィニットゥリー

◯ こんな場面で使う

「絶対に」「確実に」「必ず」「断然」という意味の副詞で、明確な答えを示すときに用いる表現で、何かを完全に肯定したり、質問に対して肯定的に答えたりする際に使われます。また、約束や予定を確認したりする場合にも使用されます。先述 11 の「absolutely」はやや主観的な表現で、「definitely」は自分の意見や話している事柄について根拠や確信がある場合に用いられることが多いです。

会話例 1

あなた **Do you have plan to go on vacation this summer?**（夏休みは何か予定はある？）

相手 **How about you?**（あなたはあるの？）

あなた **Definitely.**（もちろん）

会話例 2

あなた **She always works hard.**

（彼女はいつも一生懸命働いていますね）

相手 **Do you think she should be promoted?**

（彼女は昇進するべきだと思いますか）

あなた　**Definitely.**（確実にそう思います）

会話例3

あなた　**This project is not going smoothly as expected.**（このプロジェクトは期待していたようにはスムーズに進んでいません）

相手　**Nevertheless will you be able to success within a month?**（それでも、あなたは1か月以内に成し遂げられるのですか）

あなた　**Definitely.**（絶対にできます）

Reword 別の単語で言い換えると

☆………surely（シュアリー）

☆☆……obviously（オビアスリー）

☆☆☆…emphatically（エンファティカリー）

あなた　**You look so happy.Did something good happen?**（すごく嬉しそうだね。何か良いことがあったの？）

相手　**Yes, Shohei Otani won the MVP award.**（大谷翔平がMVPを受賞したよ）

あなた　**Obviously.**（彼なら当然だね）

Part1
立派な英語スピーカーになれる とっておきの英語フレーズ35

Phrase

013 | 了解です

Certainly

発音 🔊 サートゥンリー

○ こんな場面で使う

「確かに」「もちろん」という意味を持ちます。何かを強く肯定するために使用される表現ですが、先述 11 の「absolutely」や 12 の「definitely」のように確信に近い肯定感はなく、もう少し穏やかなニュアンスになります。丁寧な表現なので、ビジネスシーンでも広く用いられます。特に、接客業ではよく耳にすることがあるでしょう。一方で日常会話ではあまり用いられません。

会話例 1

あなた I would like to consult you something.

（ちょっとご相談したいのですが）

相手 Could you come to see me after lunch?

（昼食後、来てもらえますか）

あなた Certainly. （承知しました）

会話例 2

あなた How is my schedule tomorrow?

（私の明日の予定はどうなっていますか）

相手 Will you attend two meetings in the

morning?（朝、二つの会議に出席いただけますか）

あなた **Certainly.**（わかりました）

会話例 3

あなた **There are some challenges we need to overcome.**（私たちには、乗り越えなくてはならない課題があります）

相手 **Do you believe you can do it?**
（できると思いますか）

あなた **Certainly.**（もちろんです）

Reword 別の単語で言い換えると

☆………**OK**（オーケー）
☆☆……**undoubtedly**（アンダウティッドリー),
unquestionably（アンクェスチョナブリー）

あなた **Shohei Otani's performance last year was terrible.**（昨年の大谷翔平の活躍はすごかったね）

相手 **I think he is the best baseball player in the world.**（彼は世界で最高の野球選手だと思います）

あなた **Unquestionably.**（間違いないです）

Part1
立派な英語スピーカーになれる **とっておきの英語フレーズ 35** 045

| Phrase |

014 | そのとおり！

Exactly!

発音 🔊 イグザクトゥリー

◯ こんな場面で使う

「まさしく」という意味をもちます。このことから、発言に正確さが込められているイメージです。ネイティブが日常会話でよく使います。

会話例1

あなた **How is today's weather.**
（今日の天気はどうかな？）

相手 **It seems it is going to rain.** （雨が降りそうだね）

あなた **Exactly.** （まさに、降ってきたよ）

会話例2

あなた **I think it is better to take long vacations in summer.** （夏休みは長く取ったほうがいいよ）

相手 **But a big conference will be convened in August this year, right?** （でも、今年は大きな会議が8月にあるじゃない）

あなた **Exactly.** （そうなんです）

会話例3

あなた **Could you give us an advice for success?**

(成功するためのアドバイスをいただけませんか)

相手 You will have to be more careful with budget. (予算にもっと注意を払うべきですね)

あなた Exactly. (たしかに)

REWORD 別の単語で言い換えると

☆………correctly（コレクトゥリー）
☆☆……accurately（アキュレイトリー）,
　　　　precisely（プリサイスリー）

あなた Do you have any objections to our research methods? (私たちの調査方法に異論はありますか)

相手 Can you tell us why you are taking this method? (なぜこのような方法を取っているのか、教えていただけますか)

あなた Precisely. (はい、正確にお伝えします)

Phrase

015 | 残念

Unfortunately

🔊発音 アンフォーチュネイトゥリー

◯ こんな場面で使う

日本語の「残念ながら」にあたる便利な言葉。悪い
ニュースを伝えるときにもよく使います。残念なお知
らせの前に unfortunately と付け足すだけでマイルド
になります。ビジネスで相手の提案をお断りするとき
にも使います。

会話例 1

あなた **It has been for a long time.**（久しぶり）

相手 **Would you like to come to the party with
us tomorrow?**（明日のパーティに一緒に行かない？）

あなた **Unfortunately.**（残念だけど、行けないんだ）

会話例 2

あなた **I will not be able to offer this position to
you.**（あなたにこのポストをオファーできません）

相手 **Really? I believe I will be promoted this
time.**（本当ですか？　私は今回は昇進すると思っていました）

あなた **Unfortunately.**（残念なのですが）

048

会話例 3

あなた The international community should commit SDGs action. （国際社会は、SDGs を守るべきです）

相手 But actually some countries do not.
（しかし、実際は守らない国もあります）

あなた Unfortunately. （遺憾です）

Reword 別の単語で言い換えると

☆………unluckily （アンラッキリー）
☆☆……by bad luck （バイバッドラック）
☆☆☆…regrettably （レグレッタブリー）

あなた Is the product delivered on schedule?
（商品の納入はスケジュール通りですか）

相手 Sorry, we were unable to meet the deadline. （申し訳ありません、期日に間に合わせることができませんでした）

あなた Regrettably. （残念ですね）

Part1
立派な英語スピーカーになれる とっておきの英語フレーズ 35

| Phrase |

016 | 比較的

Relatively

🔊発音 リラティブリー

○ こんな場面で使う

「比較的大きい」「比較的温かい」「比較的空いてい
る」など、「比較的」という言葉を使うことは多いと
思います。物事を断言せず、「比較的」「どちらかとい
えば」と控えめに主張できるので、日本人には使いや
すい便利な表現です。

会話例 1

あなた **I feel dizzy.**（めまいがします）

相手 **Because today is hot.**（今日は暑いからでしょう）

あなた **Relatively.**（いつもより暑いですね）

会話例 2

あなた **I cannot understand what you said.**

（あなたが何といったのかわかりませんでした）

相手 **I am sorry to speak faster than others.**

（すみません、私は他の人より早口なので）

あなた **Relatively.**（どちらかといえばそうですね）

会話例 3

あなた **I work so hard for new mission.**

050

（新たな任務のために懸命に働いています）

相手 Do you think this mission is one of the most difficult one for you?（この任務はあなたにとって、もっとも難しいものの一つですか）

あなた Relatively.（比較していえばそうですね）

REWORD 別の単語で言い換えると

☆………rather（ラザー）
☆☆……comparatively（コンパラティブリー），
　　　to some extent（トゥーサムイクステントゥ）
☆☆☆…proportionately（プロポーショネイトゥリー）

あなた The lives of Japanese people are becoming increasingly difficult.（日本人の生活は苦しくなる一方です）

相手 Though, I think Japanese unemployment rate is still low.（それでも、日本の失業率は依然低いと思います）

あなた Comparatively.
（他の国と比較して言えばそうですね）

Part1
立派な英語スピーカーになれる とっておきの英語フレーズ35 051

Phrase

017 | 緊急

Urgent!

発音 アージェントゥ

◯ こんな場面で使う

ビジネスで緊急に処理しなければならない案件などがあると、メールなどで URGENT という記載があります。緊急の会議などは urgent meeting といいます。ビジネスシーンでも日常会話でもよく使います。

会話例 1

あなた **It seems I will be late for the train.**
（電車に乗り遅れそうなんです）

相手 **What time should I call to taxi?**
（いつタクシーを呼びましょうか）

あなた **Urgent.**（すぐお願いします）

会話例 2

あなた **Palestinian issue has still unsolved since 1948.**（パレスチナ問題は 1948 年以降未解決のままです）

相手 **Is this a issue which we have to deal with in the world?**（これは世界で対処すべき問題ではないですか）

あなた **Urgent.**（喫緊の課題です）

052

会話例3

あなた I heard many customers claimed this machine.（この機械に、多くの顧客からクレームが寄せられていると聞きました）

相手 Till when should we solve this problem?
（いつまでにこの問題を解決しなければならないでしょうか）

あなた Urgent.（急を要します）

Reword **別の単語で言い換えると**

☆………as soon as possible（アズスーンアズポッシブル）

☆☆……promptly（プロンプトゥリー）

☆☆☆…pressing（プレッシング）

あなた A multiple accident occurred on the highway.（高速道路で多重事故が発生しました）

相手 Shall I call an ambulance?
（救急車を呼びますか）

あなた Promptly.（すぐお願いします）

Part1
立派な英語スピーカーになれる **とっておきの英語フレーズ 35** 053

Phrase

018 | きわめて難しい

Extremely difficult

🔊発音 イックストゥリームリーディフィカルトゥ

◯ こんな場面で使う

　ビジネスシーンで、相手先から、法外な値段で契約を求められたとき、しっかり意思表示する際に、extremely を使います。「とても」という意味で使われることもありますが、「very」よりもさらに強い程度を表します。特に感情や特性を非常に強く表現したいときに適しています。

会話例 1

あなた I think I failed the examination.

（僕は試験に落ちたと思う）

相手 How was your feeling? （どんな感触だったの？）

あなた Extremely difficult. （とても難しかった）

会話例 2

あなた I was injured in baseball game.

（野球の試合でケガをしたんだ）

相手 I sincerely hope quick recovery.

（早く回復することを祈っています）

あなた Extremely difficult. （非常に難しいと思う）

会話例 3

あなた I am looking for suitable countries for investment. （投資に適した国を探しています）

相手 How do you evaluate economic condition in Japan? （日本の経済状況をどう評価していますか）

あなた Extremely difficult. （きわめて困難な状況ですね）

REWORD 別の単語で言い換えると

☆………very（ヴェリー）, quite（クワイトゥ）

☆☆……highly（ハイリー）

☆☆☆…excessively（イクセッシブリー）

あなた I want to be a lawyer in the future.
（将来は弁護士になりたいです）

相手 But it's not easy to be independent.
（でも、独立するのは簡単ではないですよ）

あなた Quite difficult. （はい、かなり難しいです）

Part1
立派な英語スピーカーになれる **とっておきの英語フレーズ 35** 055

Phrase

019 | 率直にいうと

Frankly speaking

発音🔊 フランクリースピーキング

⚪ こんな場面で使う

「率直な」といった良い意味で肯定的に使うこともありますが、一方で、「ぶっちゃけ、ずけずけと、ズバリいうと」といった、いわれる本人があまり聞きたくないこと、ショックを受けるようなこと、耳が痛いこと、傷つくようなことを述べる際の、前置きの言葉として使われることも多いので、注意が必要です。

会話例1

あなた **You put on a new skirt today.**

（今日は新しいスカートをはいているんだね）

相手 **But this skirt does not suit for me, doesn't it?** （でも、このスカートは私に似合ってないと思わない？）

あなた **Frankly speaking.** （ぶっちゃけね）

会話例2

あなた **Do you like my mother?** （私の母のことは好き？）

相手 **I do not.** （いえ）

あなた **Frankly speaking.** （はっきりいうね）

会話例 3

あなた **Your department has made very little contribution to our company this year.**（今年、きみの部署は、会社にほとんど貢献していないね）

相手 **Really?**（本当ですか）

あなた **Frankly speaking.**（はっきりいわせてもらうよ）

REWORD **別の単語で言い換えると**

☆⋯⋯⋯directly（ダイレクトゥリー）

☆☆⋯⋯candidly（キャンディッドリー）,
　　　without reserve（ウィズアウトリザーブ）

☆☆☆⋯straightforward（ストレイトフォワードゥ）

あなた **Do you have any worries?**

（何か悩み事があるのですか）

相手 **Yes, I want to express my dissatisfaction.**

（はい、私の不満を伝えたいんです）

あなた **Candidly.**（率直にいってください）

Part1
立派な英語スピーカーになれる **とっておきの英語フレーズ 35**　057

Phrase

020 | 世界は狭いね

Small world

🔊 **発音** スモールワールドゥ

◯ こんな場面で使う

思いがけず出会ったとき、偶然がかさなったときなどに使います。世間は狭いですねというニュアンスです。例えば、遠くに住んでいる友達に偶然出会ったときや、意外な場所で知り合いに会ったときに使うことが多いです。

会話例 1

あなた Why do you get to know Shohei Otani?

（どうして大谷翔平と知り合いなの？）

相手 We have a mutual friend in common.

（私たちには共通の友人がいるのよ）

あなた Small world. （世界は狭いね）

会話例 2

あなた Which high school did you go?

（あなたはどこの高校に行っていたの？）

相手 I went to Kaisei high school. （開成高校です）

あなた Small world. （一緒だよ）

会話例 3

あなた I am very happy to join your project this time even though we are in different companies. （私たち違う会社なのに、同じ企画に参加できるなんてとっても嬉しい）

相手 I can not believe. （信じられないね）

あなた Small world. （本当、偶然）

Reword 別の単語で言い換えると

☆………by chance（バイチャンス）

☆☆……by accident（バイアクシデントゥ）,
　　　　by coincidence（バイコインスィデンス）

あなた Long time no see. Why are you at the airport? （久しぶり。どうして空港にいるの？）

相手 I'm about to go to Hawaii.
（これからハワイに行くのよ）

あなた By coincidence. （あら、偶然）

Part1
立派な英語スピーカーになれる **とっておきの英語フレーズ 35**　　059

Phrase

021 | 進行中

Ongoing

発音 オンゴーイング

こんな場面で使う

「現在起こっていること」を表します。進行中のプロジェクト、進行中の経済危機などの表現です。ビジネスシーンでよく使いますし、自然に使えると外国人からの評価も高くなります。

会話例 1

あなた **There are many new buildings near to our office.**（私たちのオフィスの近くには新しいビルがたくさんできてますね）

相手 **Have these constructions finished?**
（もう工事は終わったのかな？）

あなた **Ongoing.**（まだ建設中ですよ）

会話例 2

あなた **The presentation will be started soon. Hurry up!**（会議でプレゼンが始まりますよ。急いでください）

相手 **Sorry for the delay, is this meeting over?**
（遅れてすみません、もう会議は終わりましたか）

あなた **Ongoing.**（まだ続いています）

会話例3

あなた I need to get your advice for success.

（成功させるために、あなたの助言が必要なんです）

相手 I would like to know the current status of your project. （プロジェクトの現状を教えてください）

あなた Ongoing. （進行中です）

REWORD **別の単語で言い換えると**

☆………continuing（コンティニューイング）

☆☆……in progress（インプログレス）,
　　　　proceeding（プロスィーディング）

☆☆☆…forward-moving（フォワードムービング）

あなた Yesterday, a murder occurred in this town.

（昨日、この町で、殺人事件が発生しました）

相手 What is the status of the investigation into the incident? （事件の捜査の状況はどうですか）

あなた In progress. （進行中です）

Part1
立派な英語スピーカーになれる とっておきの英語フレーズ 35

Phrase

022 | うまくいっている

On track

🔊 オントラック

● こんな場面で使う

「予定通りに進んでいる」「うまくいっている」という
意味になります。計画や目標が順調に進んでいること
を伝えるときなど、ビジネスシーンでよく使われます。
線路の上をまっすぐ目的地に向かって順調に進んでい
るイメージです。

会話例 1

あなた I want to go to swimming pool.

（プールに行きたいな）

相手 You have lots of summer homework, don't
you? （夏休みの宿題、たくさんあるんでしょ）

あなた On track. （順調に進んでいるよ）

会話例 2

あなた Dodgers won the MLB league last year.

（ドジャースが昨年はメジャーリーグで優勝したね）

相手 Has Shohei Otani hit a lot of home runs
this year? （今年も大谷翔平選手はホームランをたくさん打って
るの？）

あなた On track. （順調だよ）

会話例 3

あなた I would like to make a good balance between family and work. (家庭と仕事のバランスをうまく取りたいです)

相手 Anyway how is your project going?
(それはともかく、仕事のプロジェクトはどうなっていますか)

あなた On track. (計画通りに進んでいます)

REWORD 別の単語で言い換えると

☆………on schedule (オンスケジュール)

☆☆……on course (オンコース)

☆☆☆…on target (オンターゲットゥ)

あなた There was an accident at the station next door, which disrupted the train schedule. (となりの駅で事故が発生して、ダイヤが乱れました)

相手 Are train services still disrupted?
(電車の運行はまだ乱れていますか)

あなた On schedule. (今はダイヤ通りに進んでいます)

Part1
立派な英語スピーカーになれる とっておきの英語フレーズ 35 | 063

Phrase

023 | 真面目に

Seriously

🔊 シリアスリー

こんな場面で使う

「真剣に」や「本気で」という意味で使われることが多いです。政治、経済用語ですが、最近、海外ドラマの中で若者が使っている場面をよく見ます。

会話例 1

あなた I have just started to study English for the first time since high school. （高校以来初めて、英語の勉強を始めたところです）

相手 Do you want to improve your English?
（英語がうまくなりたいですか）

あなた Seriously. （ええ、本気で）

会話例 2

あなた I was involved in traffic jam.
（渋滞に巻き込まれました）

相手 To what extent was it? （どの程度の渋滞ですか）

あなた Seriously. （ひどいです）

会話例 3

あなた I hope world leaders will try to stop wars.

(世界のリーダーたちが、戦争を終わらせようとすることを願っています)

相手 **How is the current situation on Ukraine?**
(ウクライナの現状はどうですか)

あなた **Seriously.** (厳しい状況です)

REWORD 別の単語で言い換えると

☆………**badly** (バッドリー)
☆☆……**severely** (シビアリー)
☆☆☆…**gravely** (グレイブリー)

あなた **The Trump administration has been inaugurated in the United States.** (アメリカでトランプ政権が発足しましたね)

相手 **How will Japan be affected in terms of trade?** (日本は貿易面でどれぐらい影響を受けますか)

あなた **Gravely.** (重大です)

Phrase

024 | よくあること

It happens
🔊発音 イットハプンズ

● こんな場面で使う

何事も起きてしまったことは仕方ない、くよくよしないという意味です。例えば、何か想定外のことが起きたときに、「そんなこともあるよね」と状況を受け入れるようなシーンで頻繁に使われます。また何かミスをしてしまった人に対して、「それはよくあることだよ、誰にでも起こるから気にしなくていいよ」と慰めるための表現としても便利です。

会話例 1

あなた **You look pain, don't you?**（顔色が悪いよ）

相手 **I was late for work.**（仕事に遅れてしまったんだ）

あなた **It happens.**（よくあることよ）

会話例 2

あなた **How was the examination yesterday?**

（昨日の試験はどうでしたか）

相手 **I made a huge mistake.**

（大きなミスをしてしまったの）

あなた **It happens.**（しょうがないよ）

会話例 3

あなた **Do you try to transfer to another company?**
（転職しようとしているの？）

相手 **I can not decide soon.**
（すぐには決められないです）

あなた **It happens.**（当然だよね）

Reword 別の単語で言い換えると

☆………**commonly**（コモンリー）
☆☆……**typically**（ティピカリー），
　　　　frequently（フリークェントゥリー）

あなた **I am weak for noodles.**
（私は麺類に目がないんです）

相手 **You have a sweet tooth.**（甘いものもでしょ）

あなた **Frequently.**（しょっちゅう食べます）

Phrase

025 | 並行して

In parallel

発音 🔊 インパラレル

○ こんな場面で使う

　同時にまたは並行して行われるという意味を持ちます。具体的には、2つ以上の事柄が同時に進行する様子を表します。例えば、プロジェクトの複数のタスクが同時に進行する場合や、2つの研究が並行して行われる場合などにこの表現が使われます。

会話例 1

あなた I can not design my work-life balance.

（ワークライフバランスの実現がむずかしいです）

相手 Which is your priority, work or family?

（あなたは仕事と家庭、どちらを優先したいですか）

あなた In parallel.（どちらもです）

会話例 2

あなた You should study several languages.

（複数の言語を勉強しなければなりません）

相手 I think it is more crucial for global business to speak English than French.（私はフランス語より英語がグローバルビジネスではより重要だと思います）

あなた In parallel.（どちらも重要です）

会話例 3

あなた **I would like to take long vacations in Europe.**（長い休暇を取ってヨーロッパに行きたいな）

相手 **You should accelerate this project prior to your vacation.**（休暇より先にこのプロジェクトを急ぐべきです）

あなた **In parallel.**（どちらも実現させます）

Reword **別の単語で言い換えると**

☆………at the same time（アットザセイムタイム）

☆☆……simultaneously（サイモ**テ**ニアスリー）

☆☆☆…concurrently（コンカレントリー）

あなた **My refrigerator and the washing machine were broken yesterday.**（昨日、冷蔵庫も洗濯機も壊れたんです）

相手 **One after another?**（次々にですか）

あなた **Simultaneously.**（同時に壊れたんです）

Part1
立派な英語スピーカーになれる とっておきの英語フレーズ 35 | 069

Phrase

026 | とりあえず

Tentatively

発音 🔊 テンタティブリー

◯ こんな場面で使う

ビジネスで決まった時間の約束をするにはまだ見通しが立たない場合に、とりあえず仮置きするようなケースでよく使用します。自然に使えると外国人の評価も上がります。

会話例1

あなた I want to drink anyway, I am very thirsty.
（とにかく何か飲みたいんです。とても喉が渇いています）

相手 How about a glass of water?
（お水を1杯用意しますね）

あなた Tentatively. （まずはそれで）

会話例2

あなた I will be back to office next week.
（来週、仕事に戻ります）

相手 Could you be OK for the meeting with clients next week? （では、来週、顧客との打ち合わせを入れていいですか）

あなた Tentatively. （とりあえず大丈夫）

070

会話例 3

あなた　**We should have a plan to show our new cars.**（新しい車のお披露目会を計画しなければなりません）

相手　**How is a big event planned to be held next September?**（来年 9 月に大規模イベントを行うのはどうでしょうか）

あなた　**Tentatively.**（暫定的にそうしましょう）

REWORD 別の単語で言い換えると

☆………for now（フォーナウ）

☆☆……for the moment（フォーザモーメントゥ）

☆☆☆…provisionally（プロビジョナリー）

あなた　**The president died in an unexpected accident.**（大統領が不慮の事故で亡くなりました）

相手　**The vice president was appointed president.**（副大統領が大統領に任命されましたね）

あなた　**Provisionally.**（暫定的に）

Part1
立派な英語スピーカーになれる とっておきの英語フレーズ 35　071

Phrase

027 | 条件なしで

Without condition

発音 ウィズアウトコンディション

◯ こんな場面で使う

ビジネスシーンで、例えば、案件の契約に付帯条件を課すかどうかが交渉のポイントとなるような際に、「無条件で」と主張する表現です。日常会話でもよく使います。

会話例1

あなた **What do you like to do?**（何がしたいの？）

相手 **I want to join the music concert as singer. Is it acceptable?**（歌手としてコンサートに出たいです。できますか）

あなた **Without condition.**（もちろん、無条件で）

会話例2

あなた **Recently strict laws are widespread in the world.**（世界には厳しい法律が行き渡っています）

相手 **If Putin does not commit himself to this law, will he be arrested?**（プーチン大統領がこの法律を守らなかったら逮捕されますか）

あなた **Without condition.**（無条件で逮捕されます）

072

会話例 3

あなた **I think Japan should play more active role in the world.**（日本は世界でもっと積極的な役割を果たすべきです）

相手 **Are there any condition for Japan to join the General Assembly?**（日本が国連総会に参加するのに条件はありますか）

あなた **Without condition.**（一切ありません）

REWORD 別の単語で言い換えると

☆………**no question**（ノークェスチョン）
☆☆……**unconditionally**（アンコンディショナリー）

あなた **I have a boss that I hate.**（いやな上司がいるんです）

相手 **You must obey the orders of your superiors.**（でも、上司の命令には従うしかないよね）

あなた **Unconditionally.**（絶対ですね）

Part1
立派な英語スピーカーになれる とっておきの英語フレーズ 35 | 073

Phrase

028 | 時のたつのは早い

Time flies

発音 ▶ タイムフライズ

◯ こんな場面で使う

あ〜なつかしいなぁ、もうあれから◯年かぁ〜と振り返るとき、「時がたつのは早い！」という意味でネイティブはTime flies! という表現をよく使います。直訳すると、時は飛ぶ、ですが、「飛ぶように早く過ぎていく」という意味です。

会話例 1

あなた **I am enjoying today's party.**

（今日のパーティ、楽しいよ）

相手 **This is almost in the end.**

（もうすぐ終わっちゃうね）

あなた **Time flies.** （あっという間だよ）

会話例 2

あなた **We are already more than 40 years old.**

（私たちはもう 40 歳を超えたよ）

相手 **I can't believe it has been 20 years since we graduated from university.** （大学を卒業してから 20 年もたったなんて信じられないわ）

あなた **Time flies.** （時がたつのが早すぎる）

074

会話例3

あなた **What is the most impressive event for you?**（最も印象的な出来事はなんですか）

相手 **Oh, we are already in the end of this year.**（え、今年ももう終わり？）

あなた **Time flies.**（一年はあっという間に過ぎるね）

REWORD **別の単語で言い換えると**

☆☆……time passes （タイムパスィーズ）,
clock ticks （クロックティックス）

あなた **I made a reservation at a nice restaurant for tonight.**（今晩は、素敵なお店を予約したよ）

相手 **I am so happy. Today is our 30th wedding anniversary.**（うれしいわ。今日は、結婚30年の記念日だもんね）

あなた **Clock ticks.**（時は過ぎるね）

Part1
立派な英語スピーカーになれる とっておきの英語フレーズ35 | 075

Phrase

029 | 手ごわい交渉相手

Tough negotiator

🔊 発音 タフニゴシエーター

○ こんな場面で使う

言語力を磨き、言葉の力で交渉を成功に導く専門家のこと。ビジネスシーンでよく使います。アメリカのトランプ大統領が好んで使う「deal」（取引）という言葉に象徴されるように、「勝つか負けるか」「取るか取られるか」という厳しい「negotiation」では、相手との駆け引きが重要です。

会話例 1

あなた Can you give me a discount?
（割引してもらえませんか）

相手 No, this is already lowest price.
（いえ、これはすでに最低価格です）

あなた Tough negotiator. （厳しいですね）

会話例 2

あなた If you show flexibility in terms of wages, the agreement will be soon. （もし賃金の面で柔軟に対応してもらえるなら、合意は近いですよ）

相手 Our daily life is very difficult, so we can not make compromise easily. （生活が厳しいので、簡

単に妥協できません）

あなた **Tough negotiator.**（簡単にはいかないですね）

会話例 3

あなた **United States and Japan are very close to agreement on trade, but still there are some gaps.**（アメリカと日本は貿易に関して合意間近ですが、まだいくつかの溝があります）

相手 **Do you think it is due to the position of US President?**（アメリカの大統領のせいとお考えですか）

あなた **Tough negotiator.**（彼は決して譲らないから）

Reword **別の単語で言い換えると**

☆‥‥‥‥**hard**（ハードゥ）, **strong**（ストロング）

☆☆‥‥‥**firm**（ファーム）

☆☆☆‥**resistant**（レジスタントゥ）

あなた **You should leave the company soon.**

（あなたはすぐに会社を辞めるべきです）

相手 **No, I'll hang on to it until I retire.**

（いや、定年までしがみつきますよ）

あなた **Resistant negotiator.**（しぶといですね）

Part1
立派な英語スピーカーになれる **とっておきの英語フレーズ 35**

| Phrase |

030 | 例外なしに

Without exception

🔊 発音 ウィズアウトイクセプション

◯ こんな場面で使う

例に漏れない、いつもと同じに、一律に、という意味で使います。ビジネスシーンでは、例外なくということを強調する形で「without exception」を使うと表現力がアップします。

会話例 1

あなた I would like to invite all customers to this event. （私たちの顧客全員をこのイベントに招待したい）

相手 I think it is difficult to invite all because of space limit. （会場が狭いので、すべてのお客様を呼ぶのは難しいと思います）

あなた Without exception. （いや、一人残らず招待しなくてはならない）

会話例 2

あなた I would like to comment on the violation for human rights in the world. （世界の人権侵害について論じたいと思います）

相手 Do you think human rights are important for all people? （人権はすべての人にとって重要だと思いますか）

あなた **Without exception.** （はい、誰一人例外なく）

会話例 3

あなた **Some companies do not pay wages due to lack of incomes.** （収入不足で賃金が払えない会社もあります）

相手 **Wages must be paid directly to workers, right?** （賃金は従業員に直接支払わなければならないですよね）

あなた **Without exception.** （当然です）

REWORD **別の単語で言い換えると**

☆………**no exception** （ノーイクセプション）
☆☆……**all cases** （オールケースィーズ）
☆☆☆…**exclusively** （イクスクルーシブリー）

あなた **Welcome. Are you members for this restaurant?** （いらっしゃいませ。あなたは会員の方ですか）

相手 **I am afraid this restaurant is for only members.** （もしかして、こちらは会員制のお店ですか）

あなた **Exclusively.** （会員限定です）

Part1
立派な英語スピーカーになれる とっておきの英語フレーズ 35 | 079

Phrase

031 | 際立っている

Outstanding

発音 🔊 アウトスタンディング

● こんな場面で使う

誉め言葉として使う場合は、同じようなものの中で、それだけが突出して優れている場合に適しています。あるいは、ビジネスシーンで、売り上げが抜きん出ているような場合でも使われます。

会話例 1

あなた **I like his paintings very well.**

（彼の絵がとても好きなんだ）

相手 **Is he a good painter?**（彼は優れた画家ですか）

あなた **Outstanding.**（傑出しているよ）

会話例 2

あなた **She is very good at swimming.**

（彼女は水泳がとても上手いね）

相手 **I hope she will take part in the next Olympics as an athlete.**（彼女は次のオリンピックに選手として参加すると思うわ）

あなた **Outstanding.**（すばらしい）

会話例3

あなた You work so hard every day.
（毎日猛烈に働いているね）

相手 How is my sales today compared with others? （今日の私の営業成績は他の人と比べてどうです？）

あなた Outstanding. （群を抜いてるよ）

REWORD 別の単語で言い換えると

☆☆……superior（スーパリアー）
☆☆☆…eminent（エミネントゥ），
extraordinary（イクストラ**オー**ディナリー）

あなた Young people have grown up in sumo as well. （相撲も若手が育ってきましたね）

相手 Oonosato won twice and was promoted to Ozeki last year. （大の里が昨年2回も優勝して大関に昇進したね）

あなた Extraordinary. （驚異的でした）

Part1
立派な英語スピーカーになれる **とっておきの英語フレーズ 35**

| Phrase |

032 | 圧倒的

Overwhelmingly

🔊 オーバーフェルミングリー

こんな場面で使う

相手を完全に上回り、対抗できないほどの勢いや力があることを意味する言葉。優れた能力や段違いな存在感で、相手を驚かせるような状況でよく使われる表現です。

会話例 1

あなた I had a basketball game on Sunday.

（日曜日にバスケットボールの試合があったんです）

相手 Did your team win the game?

（あなたのチームは勝ちましたか）

あなた Overwhelmingly.（圧勝でした）

会話例 2

あなた Which team did win the professional baseball game last year?（昨年は、どのプロ野球チームが優勝したんだっけ）

相手 Yomiuri Giants won.（読売ジャイアンツだよ）

あなた Overwhelmingly?（圧勝だった？）

会話例3

あなた The US Congress decided to dispatch troops to Iraq.（アメリカ議会はイラクに部隊を派兵することを決定しました）

相手 How was the result of voting?
（投票結果はどうでしたか）

あなた Overwhelmingly.（圧倒的な支持でした）

Reword 別の単語で言い換えると

☆☆……impressive（インプレッシブ）

☆☆☆…formidable（フォーミダボー）,
　　　 dreadful（ドレッドホー）

あなた The Osaka/Kansai Expo will be held this year.（今年は大阪・関西万博が開催されますね）

相手 How was the 1970 Osaka Expo?
（1970年の大阪万博はどうでしたか）

あなた Impressive.（印象的でした）

Part1
立派な英語スピーカーになれる **とっておきの英語フレーズ 35**

Phrase

033 | すばらしい

Remarkable

🔊 発音 リマーカボー

◯ こんな場面で使う

「注目すべき」「驚くべき」「優れた」という意味です。
目を引く人物や注目に値するもの、取り上げる価値が
ある事象を説明するときに使います。非凡な人や優れ
た人を紹介する際にも使います。

会話例 1

あなた How was the result of music competition?

（音楽コンクールの結果はどうだったの？）

相手 I won the gold prize. （金賞を取ったよ）

あなた Remarkable! （すばらしい）

会話例 2

あなた Is this vaccine effective?

（このワクチンは効果がありますか）

相手 Yes, it has a 95% success rate.

（はい、95％の有効率です）

あなた Remarkable! （すごいですね）

会話例 3

あなた I found the progress of your work this year.

(今年、あなたの仕事ぶりは進歩しているね)

相手　**I made every efforts to sell cars.**
(車を売るために全力で頑張りました)

あなた　**Remarkable!** (目を見張るものがあるよ)

Reword 別の単語で言い換えると

☆………wonderful（ワンダホー）
☆☆……splendid（スプレンディッドゥ）
☆☆☆…prominent（プロミネントゥ）

あなた　**I want to become a researcher like Professor Suzuki.** (鈴木教授のような研究者になりたいな)

相手　**He is famous in science field in Japan.**
(日本の科学界で有名な方ですね)

あなた　**Prominent.** (卓越してるよ)

Part1
立派な英語スピーカーになれる とっておきの英語フレーズ 35

Phrase

034 | 無駄に

In vain

🔊発音 インヴェイン

◯ こんな場面で使う

「無駄に」「効果なく」といった意味で使用される英語の表現です。何かを試みたり努力したりしても、結果として何の成果も得られない状況を表す際に用いられます。

会話例 1

あなた **Did you study well in order to pass the examination?**（試験に合格するためによく勉強しましたか）

相手 **Yes, I did not sleep last night but the result was bad.**（はい、昨晩は寝ないで勉強しましたが、結果は悪かったです）

あなた **In vain.**（無駄な努力でしたね）

会話例 2

あなた **I tried to convince my father to go to New York.**（ニューヨークに行けるように父を説得しようとしました）

相手 **But he refused, right?**
（でも、彼はダメだっていったんでしょ）

あなた **In vain.**（説得は無駄でした）

会話例3

あなた I think G7 summit did all effort to prevent the war in the world. （G7 首脳会議は、世界の戦争を防ぐためにあらゆる努力を払ったと思います）

相手 But the war in the Middle East was already broken out. （でも、中東では戦争がすでに勃発しましたね）

あなた In vain. （何の効果もありませんでした）

REWORD 別の単語で言い換えると

⭐‥‥‥‥fail （フェイル）
⭐⭐‥‥‥useless （ユースレス）
⭐⭐⭐‥‥meaningless （ミーニングレス）

あなた I am thinking about changing jobs soon.
（すぐに転職しようと思うんだ）

相手 Why not talk to your boss first?
（まずは上司と相談してはいかがですか）

あなた Meaningless. （無意味ですよ）

Part1
立派な英語スピーカーになれる とっておきの英語フレーズ 35

| Phrase

035 | 集中的に

Intensively

発音 🔊 インテンスィブリー

◯ こんな場面で使う

「集中的に」や「強く」という意味を持っています。この言葉は通常、何かを深く、または強いエネルギーを持って行うことを表します。例えば、勉強やトレーニングを短期間で集中的に行う場合に使われます。

会話例 1

あなた I had a traffic accident and was injured.
（交通事故に遭って、ケガをしました）

相手 How did you care in the hospital?
（病院ではどんな治療をしたんですか）

あなた Intensively. （集中治療だったんです）

会話例 2

あなた I began to study Arabic when I was 24 years old. （24歳のときに、アラビア語の勉強を始めました）

相手 How did you improve your Arabic?
（どうやってアラビア語を上達させたのですか）

あなた Intensively. （集中的に勉強しました）

088

会話例 3

あなた Top level meeting between US and Japan will be held next month. （日米首脳会談が来月開催される予定です）

相手 Do you expect a good discussion?
（良い議論を期待していますか）

あなた Intensively. （集中的に議論してほしいですね）

REWORD **別の単語で言い換えると**

☆………deeply （ディープリー）

☆☆☆…thoroughly （サーローリー），
　　　　meticulously （メティキュラスリー）

あなた We had a very relaxing time thanks to you. （おかげさまでくつろいだ時間を過ごせました）

相手 Were you satisfied with our hospitality?
（おもてなしに満足いただけましたか）

あなた Thoroughly. （すごく良かったです）

Part1
立派な英語スピーカーになれる とっておきの英語フレーズ 35　089

Column 1

リスニングのコツを教えます

　日本ではよく英語の学習教材で、「1日何分『聞き流す』だけで、みるみる上達」などのフレーズを目にしますが、英語を楽しむためだけに学習する方はともかく、ビジネスパーソンや日常生活でも英語を真に必要としている方は「聞き流し」は絶対にやってはいけません。

　なぜでしょうか？

　例えば、社運をかけた交渉では、相手の外国人のいうことを一言一句聞き漏らさず、的確に対応していかなければならないことはいうまでもありません。そうしなければ、商談があなたの会社に有利に進まなくなってしまうからです。

　にもかかわらず、普段から聞き流すくせをつけてしまうと、本番の商談の場でも、ついつい相手が発する最も重要な事柄を聞き逃すという失態をやらかしてしまい、致命傷を負うことにもなりかねません。

　聞き流すとは、集中力の欠如を意味します。

　聞き流し学習法を続けていると、ビジネスの本番で最も重要な「集中力」が養われず、それが習慣化し、本番でも聞き流してしまうという悪いくせが出てしまうのです。

　ビジネスに限らず、日常会話であっても、相手の大事なワードが聞き取れず、会話がはずまなくなること

にもつながります。

では、いざ本番で聞き流さないために、普段の英語学習で、何に気をつけるべきでしょうか?

答えは、簡単です。

学習している英語の文章中に、知らない単語が出てくるから聞き流すしかなくなるのです。

だったら、最初から、すでに自分が理解している英語の文章だけを聞けばよいのです。

例えば、「私はりんごが好きです」という英語の文章を読んで完全に理解できてから、その文章を耳で確認するのです。決して、まだ理解していない英語の文章をいきなりリスニングしてはいけません。

人は、自分が読めない言葉や、わからない言葉を聞いて、その意味を理解することは不可能です。これはあたりまえのことなのに、英語学習になると、わからない単語があっても辞書で調べずに、前後の文章などから推測するという読み方を推奨している指導者がけっこういます。

しかし、そのやり方は語学学習においては決してお勧めできません。推測に頼るくせは、本番のビジネスシーンではリスクでしかないのです。

また、「聞き流し」の教材などでよくいわれるのが、リスニングの能力を伸ばすには、とにかく外国語の「音」を聞いて慣れること、外国語を聞き取れる「耳を作る」という考え方です。みなさんも、「音から入

Part1
立派な英語スピーカーになれる **とっておきの英語フレーズ 35**

る」学習があたりまえだと思っていませんか？

その考え方も危険です。

それでは質問です。そもそもリスニングって、どのような場面で必要でしょうか？

それはビジネスシーンであれ日常会話であれ、外国人とコミュニケーションをとる、つまりあなたが何かを話して、そして外国人の話を聞く場面ですよね。

リスニングは本来、スピーキング、つまり「音（声）を出す」こととセットで考えなければならないはずです。

それなのに、スピーキング（アウトプット）は大変だからといって、リスニング（インプット）だけを独立して行っている日本人がとても多く見られます。

実際のビジネスシーンで、こちらがあまり外国語を話せないとわかれば、外国人があなたに外国語でべらべらと話してくることはまずないでしょう。日本語が話せない外国人に、日本語でべらべらと話しかける日本人がいないのと同じことです。

だから、リスニングはあくまでもスピーキングを補完するくらいの考えでいてください。でないと、結局、あなたの勉強法はこれまでどおり、安易なリスニング・ファーストになり、結局、いつまでも英語を話せないままになってしまうのです。

英会話の勉強で、最初にやるべきことは、リスニングではなく、あなたの口から音を出す（発声）ことなのです。

Part2

外国人と話すときに覚えておきたい
即戦力英語フレーズ 35

Magic phrase 35

| Phrase |

001 | いいね！

Sounds good!

🔊 発音 サウンズグッドゥ

◯ こんな場面で使う

相手が口にした依頼、提案、アイデアなどに対して、「いいね」や「いいよ」または「了解」などのように、同意や共感の意味合いでよく使われる表現です。OK と意味は同じですが、Sounds good のほうが口語的な響きがあり、ネイティブの日常会話、あるいはビジネスでも打ち解けた仲間の間では頻繁に使われる表現の一つです。知っておくと、外国人との会話がスムーズになります。

会話例 1

あなた **Can I talk to you today?** （今日、話せますか）

相手 **I will call you after I finish my work today.**

（仕事が終わったあとに、電話します）

あなた **Sounds good!** （了解）

会話例 2

あなた **How was your evaluation for our proposal last week?** （先週の提案の評価はいかがでしょうか）

相手 **We are now considering positively and will reply as soon as possible.** （今、前向きに検討中で

す。できるだけ早くお答えします）

あなた **Sounds good!**（わかりました）

REWORD 別の単語で言い換えると

★………nice（ナイス），great（グレイトゥ）
★★……awesome（オーサム），
　　　　fantastic（ファンタスティック）
★★★…majestic（マジェスティック）

あなた **It is first time for me to visit Japan.Where should I go first?**（日本に初めてきましたが、最初にどこに行けばいいですか）

相手 **How about Mt.Fuji? It is the highest mountain in Japan.**（富士山はどうですか。日本で一番高い山です）

あなた **Sounds fantanstic!**（素敵ですね）

Part2
外国人と話すときに覚えておきたい **即戦力英語フレーズ35**　095

Phrase

002 | 都合が良い

Available

発音 🔊 アベイラボー

◯ こんな場面で使う

仕事のアポで、相手の都合を聞くときや自分自身の都合を聞かれたときなどによく使います。また、何かが利用できる状態のときにも使います。

会話例 1

あなた We have to book our flights as soon as possible. (航空チケットをなるべく早く予約しないといけないね)

相手 Can we do it online? (オンラインで予約できる？)

あなた Available. (できるよ)

会話例 2

あなた Good morning.　Could you keep your time this afternoon? (おはようございます。午後、お時間をいただけないでしょうか)

相手 How about 2pm？ (午後2時はどうですか)

あなた Available. (大丈夫です)

REWORD 別の単語で言い換えると

☆………ready (レディー)

☆☆……convenient (コンビーニエントゥ),
　　　　accessible (アクセサボー)

096

Phrase

003 | 他にない？

Anything else?

🔊 発音 エニースィングエルス↑

こんな場面で使う

主に相手にほかに必要なものがあるかを尋ねたり、他の選択肢を提示したりする際に使います。日常会話でもビジネスシーンでも使います。

会話例1

あなた Could you let me know how to speak English?（どうしたら英語を話せるようになりますか）

相手 I think you should listen to the radio every day.（ラジオを毎日聞くべきです）

あなた Anything else?（他にはありませんか）

会話例2

あなた How can we respect human rights all over the world?（どうしたら世界中の人々の人権を尊重できますか）

相手 At first we should stop the wars.（まずは戦争をやめるべきです）

あなた Anything else?（他にはどうですか）

REWORD 別の単語で言い換えると

☆………something else?（サムスィングエルス↑）

☆☆……any other thing?（エニーアザースィング↑）

Part2
外国人と話すときに覚えておきたい 即戦力英語フレーズ35 | 097

Phrase

004 | 五分五分

Fifty fifty

🔊発音 フィフティフィフティ

◯ こんな場面で使う

二つの選択肢などについてどちらにするか（どちらが正解か）、五分五分の決断を迫られる際に使います。

会話例1

あなた **There will be a match between Dodgers and Yankees tomorrow.**（明日、ドジャースとヤンキースの試合があるんだ）

相手 **Which team will win the match?**
（どっちが勝つと思う？）

あなた **Fifty fifty.**（五分五分かな）

会話例2

あなた **I am very busy for preparing new proposals.**（新しい提案の準備で忙しいんです）

相手 **Do you think your proposals will be accepted by clients?**（顧客に受け入れられると思いますか）

あなた **Fifty fifty.**（五分五分ですね）

REWORD 別の単語で言い換えると

☆………half-half（ハーフハーフ）

☆☆……equally（イークォリー）, evenly（イーブンリー）

098

| Phrase |

005 | 妥当です

Fair enough

発音 🔊 フェアーイナフ

こんな場面で使う

提案などに対して完全に同意はできないが、一応理解できる場面で使います。主にビジネスシーンで使います。

会話例 1

あなた I was not convinced of previous decisions.

（前回の決定には納得していません）

相手 Do you agree with this new decision?

（今回の新しい決定には同意しますか）

あなた Fair enough.（まあ納得です）

会話例 2

あなた How will be my personal evaluation next year?（来年の私の人事査定はどうでしょうか）

相手 How about 3 million yen per year?

（1年300万円でどうですか）

あなた Fair enough.（妥当ですね）

REWORD **別の単語で言い換えると**

☆………understandable（アンダースタンダボー）

☆☆……reasonable（リーズナボー），

acceptable（アクセプタボー）

Part2
外国人と話すときに覚えておきたい **即戦力英語フレーズ 35** | 099

Phrase

006 | どうぞ

Go ahead!

🔊 発音 ゴーアヘッドゥ

○ こんな場面で使う

「どうぞ」や「構いません」の意味で使い、通常、命令文で用いられます。

相手から許可を求められ、それに対する承認・賛成を表す際にも使います。

ビジネスシーンでも、会話の中で、相手がさらに話を続けたそうな場合に、「どうぞ続けてお話しください」と促すようなときに使います。

会話例 1

あなた **How can I help you?**（どうしましたか）

相手 **Can I borrow your bicycle today?**

（今日、あなたの自転車を借りてもいいですか）

あなた **Go ahead!**（どうぞ）

会話例 2

あなた **I have a full schedule today.**

（今日は予定が詰まっています）

相手 **But I have something important to share with you as soon as possible.**（でも、あなたにすぐに伝えたい大事な話があるんです）

100

あなた **Go ahead!**（どうぞ、お話しください）

Reword 別の単語で言い換えると

☆……**continue**（コンティニュー）
☆☆……**move forward**（ムーブフォワードゥ），
carry on（キャリーオン）

あなた **What's up? You look so upset.**
（どうしたの？ とても落ち込んでいるわね）

相手 **I am heartbroken. My life is over.**
（失恋したの。人生終わりだわ）

あなた **Move forward.**（前に進みなさい）

Part2
外国人と話すときに覚えておきたい **即戦力英語フレーズ 35**

Phrase

007 | わかった！

Got it!

発音 🔊 ガットイットゥ

◯ こんな場面で使う

「了解」「理解した」というニュアンスを含み、単純に「OK」ではなく、相手の話の内容をしっかり把握したという意。主にカジュアルな場で使います。

会話例 1

あなた I have just finished work.（仕事が終わったよ）

相手 Can you buy some bread on the way home?

（帰りにパンを買ってきてくれない？）

あなた Got it!（了解）

会話例 2

あなた How was my latest report? Did you read it?（私の最新の報告はどうだった？ 読んでくれた？）

相手 Could you summarize it? A little bit difficult for me.（ポイントを教えてくれない？ 少し難しかったわ）

あなた Got it!（わかった）

REWORD 別の単語で言い換えると

☆………I understand（アイアンダースタンドゥ）

☆☆……I comprehend（アイコンプリヘンドゥ),
I grasp（アイグラスプゥ）

102

Phrase

008 | よくやった

Good job

🔊発音 グッジョブ

◯ こんな場面で使う

「よくやった」「よくできました」のように、何かを達成したり成功したりしたときに、相手を誉める言葉として、日常会話でもビジネスシーンでも使います。

会話例 1

あなた **You have lost weight, right?**（やせた？）

相手 **Yes, I go to the gym every day.**

（うん、毎日ジム通いしてるんだ）

あなた **Good job!**（がんばってるね）

会話例 2

あなた **How is your new car sales plan?**

（新しい車の販売計画はうまくいってる？）

相手 **A lot of customers bought them on weekends.**（週末にたくさんのお客さんが買ってくれました）

あなた **Good job!** （よくやった）

REWORD 別の単語で言い換えると

☆………**great work**（グレイトワーク）,
　　　　well done（ウェルダーン）
☆☆……**excellent job**（エクセレントジョブ）

Part2
外国人と話すときに覚えておきたい **即戦力英語フレーズ 35**

Phrase

009 | 願ってるよ

Hopefully

🔊発音 ホープフリー

こんな場面で使う

「願わくば」「期待して」「うまくいけば」などの意味です。

日常会話でもビジネスシーンでも、相手の気持ちを思いやったり、激励したかったりするときなどによく使います。

会話例1

あなた You will be late for school. Already 8a.m.
（学校に遅れるよ、もう8時だよ）

相手 I will be on time if I use taxi from home.
（家からタクシーに乗れば間に合うよ）

あなた Hopefully.（間に合うといいけど）

会話例2

あなた How was your presentation? Was it successful?（プレゼンどうだった？　うまく行った？）

相手 I think pretty good, so it will be a success.
（よくできたから、合格だと思うよ）

あなた Hopefully.（そう願ってるよ）

Reword 別の単語で言い換えると

☆………probably（プロバブリー）
☆☆……optimistically（オプティミスティカリー）,
　　　　 expectedly（イクスペクティドリー）
☆☆☆…promisingly（プロミスィングリー）

あなた Daily goods are so expensive.Our life is very difficult.（日用品が高すぎて、生活がとても厳しいわ）

相手 I think Japanese economy will be recovered this year.（今年の日本経済は回復すると思うよ）

あなた Optimistically.（楽観的に考えればそうだけど）

Phrase

010 | 興味深い

Interesting!

🔊 発音 インタレスティング

◯ こんな場面で使う

「面白い」と訳されますが、ここで使う「面白い」は、"funny" のように笑ってしまう場面ではなく、その情報をもっと知りたい気持ちになったときや、興味・関心を引き起こされる場面で使います。日常会話でもビジネスシーンでもよく使います。

会話例1

あなた I saw many movies in my flight.
（機内でたくさん映画を見たんだ）

相手 Did you see Roman Holiday?
（「ローマの休日」は見た？）

あなた Interesting!（うん、面白かったよ）

会話例2

あなた How do you see US-China relation under new administration?（新政権下での米中関係はどうなりますか）

相手 Our analysis is that they will accelerate trade war.（彼らは貿易戦争を加速させるというのが我々の分析です）

あなた Interesting!(興味深いですね)

Reword 別の単語で言い換えると

☆………enjoyable(エンジョイアボー)
☆☆……amusing(アミューズィング), attractive(アトラクティブ)
☆☆☆…fascinating(ファッスィネイティング)

あなた I have been to Japan twice.
(日本に2回行ったことがあるんだ)

相手 How did you like it?(どんな感じだった?)

あなた Fascinating!(魅惑の国だったよ)

| Phrase |

011 | 感謝します

I appreciate

🔊 **発音** アイアプリシーエィトゥ

◯ こんな場面で使う

　appreciate の本来の意味は、「感謝する」「評価する」です。

「Thank you」や「Thanks」よりも丁寧な表現として、ビジネスメールなどのオフィシャルなシーンでもよく使われる表現です。

会話例1

あなた How was our presentation last week?

（先週のプレゼンはどうでしたか）

相手 Very good. So now we are very much interested in your new project. （とてもよかったです。だから今、あなたたちの新しいプロジェクトに大変関心を持っています）

あなた I appreciate. （感謝します）

会話例2

あなた I think she should be promoted next term as she works very well. （彼女はとてもよく働くので、来期は昇進すべきだと思います）

相手 Do you think she has also high abilities to

proceed this plan?（彼女には、この計画を進めるための高い能力もあると思いますか）

あなた **I appreciate.**（そのように評価しています）

Reword **別の単語で言い換えると**

☆………thank you（サンキュー）

☆☆……grateful（グレイトホー）

あなた **It was a very fulfilling year.**（とても充実した1年でした）

相手 **The company provided you a growth opportunity.**（会社が成長の機会を与えてくれたわね）

あなた **I'm grateful.**（感謝しています）

Part2
外国人と話すときに覚えておきたい **即戦力英語フレーズ 35**

Phrase

012 | 今すぐ

Right away

🔊発音 ライトゥアウェイー

◯ こんな場面で使う

日常会話だけではなく、ビジネスシーンの「すぐに」や「急いで」を表現するのにも使われる便利な表現です。

会話例1

あなた You look really sick. (すごく体調が悪そうだね)

相手 Yes, can I go home? (そうなんです。帰ってもいいですか)

あなた Right away！(すぐ帰りな)

会話例2

あなた We will have a meeting with our President. He will be in a hurry. (社長との打ち合わせが入りました。社長は急いでます)

相手 Oh, till what time should we prepare relevant documents? (何時までに関連書類を用意しましょうか)

あなた Right away！(今すぐです)

Reword 別の単語で言い換えると

☆………soon (スーン)

☆☆……immediately (イミーディエイトリー)

110

Phrase

013 | ありえない！

No way

🔊発音 ノーウェイ

○ こんな場面で使う

「とても強く No という」「驚きを表す」ときに使われます。日常会話でもビジネスシーンでも使います。

会話例1

あなた I have not seen him recently. Do you know he is well?（最近彼を見かけないわ。彼が元気か知ってる？）

相手 Did you hear? He got engaged last week.
（聞いた？　彼は先週婚約したのよ）

あなた No way.（ありえない）

会話例2

あなた I will be terribly busy this month.
（今月は恐ろしいほど忙しいよ）

相手 I know but could you complete new report till next week?（それでもなんとか、新しいレポートを来週までに仕上げていただけますか）

あなた No way.（無理です）

Reword 別の単語で言い換えると

☆☆……unthinkable（アンスィンカボー）

☆☆☆…inconceivable（インコンシーバボー）

Part2
外国人と話すときに覚えておきたい 即戦力英語フレーズ35 | 111

Phrase

014 | 間違いない

No doubt

🔊 ノーダウトゥ

○ こんな場面で使う

"doubt" は「疑い」の意味。"No doubt!"「疑いが
ない」→「間違いないね！」の訳になります。相手の
意見に賛成や同意するときに使います。日常会話でも
ビジネスシーンでもよく使います。

会話例1

あなた She won the tennis tournament though
she is just 16 years old. （彼女はまだ16歳なのに、テニス
トーナメントで優勝したね）

相手 I think she will be a top athlete in the
world soon. （すぐに世界のトップ選手になるんじゃないかな）

あなた No doubt. （間違いないね）

会話例2

あなた I think climate change will be one of the
important issues which United Nations should
deal with. （気候変動は国連が取り組むべき重要な課題の一つ
です）

相手 Do you think Japan will be able to take
the initiative? （あなたは日本がイニシアティブをとれると思

いますか)

あなた No doubt. (はい、間違いなく)

REWORD 別の単語で言い換えると

☆………for sure (フォーシュアー)
☆☆……confident (コンフィデントゥ),
　　　　convinced (コンビンストゥ)

あなた You will be able to pass a national bar examination as for your score. (君の成績なら司法試験に合格できるよ)

相手 I am worried. Is it OK for my score?
(心配です。私の成績で大丈夫ですか)

あなた For sure. (間違いないよ)

Part2
外国人と話すときに覚えておきたい 即戦力英語フレーズ 35

Phrase

015 | たいしたことない

Nothing special

🔊発音 ナッシングスペシャル

こんな場面で使う

「特に変わったことがない」「いつもどおり」「あたりまえ」などの意味です。日常会話から、ビジネスシーンまで、くだけた関係の中で、使われます。

会話例 1

あなた **Would you like to go out for drinks tonight?**（今夜、飲みにいかない？）

相手 **OK, but today is your birthday, isn't it?**
（いいよ。でも、君は今日、誕生日じゃなかった？）

あなた **Nothing special.**（特に予定はないんだ）

会話例 2

あなた **You were absent from today's meeting.**
（今日の会議、欠席してたね）

相手 **Was the meeting fruitful?**（有意義な会議だった？）

あなた **Nothing special.**（いつも通りだよ）

REWORD 別の単語で言い換えると

★………**natural**（ナチュラル）

★★……**nothing particular**（ナッシングパティキュラー）

Phrase

016 | 必要ない

Not necessary

🔊発音 ノットネセサリー

◯ こんな場面で使う

相手の依頼、提案などを、やんわり断りたいときに使える便利な表現です。主に日常会話で使います。

会話例1

あなた **I want to eat sushi today.**

（今日はお寿司が食べたいな）

相手 **How about Udon in addition to Sushi?**

（寿司にうどんも付けては？）

あなた **Not necessary.**（いらないよ）

会話例2

あなた **You look sick today.**（今日は調子が悪そうだね）

相手 **Is it better to take medicine though I do not have fever at all?**（熱はまったくないけど、薬を飲んだほうがいいかな？）

あなた **Not necessary.**（必要ないよ）

REWORD 別の単語で言い換えると

☆………**needless**（ニードレス）

☆☆……**unrequired**（アンリクアイヤードゥ）

☆☆☆…**redundant**（リダンダントゥ）

Part2
外国人と話すときに覚えておきたい **即戦力英語フレーズ35** | 115

Phrase

017 | 心配ない

No worries

発音 ノーウォリーズ

○ こんな場面で使う

相手の謝罪に対して「心配しないで」というときに
使えます。

また、相手からの感謝に対して「どういたしまして」のようなニュアンスで使うこともできます。カジュアルなフレーズですので、友人や家族などとの会話で使うようにしましょう。

会話例1

あなた I got a cold and slept all day.

（風邪ひいて一日中寝てたよ）

相手 I am sorry I could not call you last night.

（昨日の夜、電話できなくてごめんね）

あなた No worries.（気にしないで）

会話例2

あなた I failed to negotiate with clients.

（顧客との交渉に失敗してしまったんだ）

相手 Oh, I am afraid you were so shocked.

（それは、相当ショックだったでしょ）

あなた No worries.（心配しないで）

> **REWORD** 別の単語で言い換えると
>
> ☆………no problem（ノープロブレム),
>   forget it（フォーゲッティットゥ）
> ☆☆……never mind（ネバーマインドゥ）

あなた Could you do me a favor? Do you mind closing the window?（お願いがあるんだけどいいかな？窓を閉めてくれない？）

相手 I can't. My hand is fulled right now.
（今、手がふさがっていて、できないよ）

あなた Never mind.（気にしないで。私がやるわ）

Part2
外国人と話すときに覚えておきたい 即戦力英語フレーズ 35

Phrase

018 | 完璧だ

Perfect!

発音 パーフェクトゥ

こんな場面で使う

「完璧」の英語訳として最も一般的に用いられるのが「perfect」です。欠点がなくすべてが理想的である状態を指します。日常会話からビジネスシーンまで幅広く使用されます。

会話例 1

あなた **It is not easy to make coffee according to your taste.**（あなたの好みに合わせてコーヒーを淹れるのは簡単ではないわ）

相手 **But this coffee is not too sweet and not too bitter.**（このコーヒーは甘すぎず苦すぎず、ですね）

あなた **Perfect!**（ちょうどいいでしょ）

会話例 2

あなた **Your team did every effort to make success.**（君たちのチームは成功するためにあらゆる努力をした）

相手 **How was our performance this year?**（私たちの今年の成績はどうでしたか）

あなた **Perfect!**（完璧だったよ）

REWORD 別の単語で言い換えると

☆☆……completely（コンプリートゥリー）
☆☆☆…flawless（フローレス），
　　　　impeccable（インペカボー）

あなた Why are you so angry?
（なぜそんなに怒っているんですか）

相手 Today is the deadline for submitting the report. Did you forget it?（今日が報告書の提出期限です。忘れたの？）

あなた Completely.（完ぺきに）

Phrase

019 | びっくり

Surprising!

🔊発音 サプライジング

◯ こんな場面で使う

予期せぬ出来事、特に嬉しい知らせのときに使う表現です。人や物について「驚くべき○○」というときに便利です。日常会話でよく使います。

会話例1

あなた He was fond of loneliness in high school, so I think he is still single. （高校のころ、彼は孤独が好きな人だったから、まだ独身じゃないかと思う）

相手 No, he got married when he was 50 years old. （いや、彼は50歳のときに結婚したんだ）

あなた Surprising! （なんとびっくり）

会話例2

あなた Ukraine war will end in ceasefire soon. （ウクライナ戦争がもうすぐ停戦になるらしいね）

相手 Most likely. I think Russia will return all invaded territories. （おそらく。ロシアは侵略した領土をすべて返還すると思う）

あなた Surprising! （それは驚きだね）

Reword 別の単語で言い換えると

☆………unusual（アンユージュアル）
☆☆……uncommon（アンコモン）

あなた I saw a swallow for the first time.
（私はつばめを初めて見ました）

相手 I often see swallows in my town. There are not in your town. （私の町ではつばめをよく見ますが、あなたの町にはいないのですね）

あなた Uncommon. （珍しいです）

Phrase

020 | 想定外

Never thought

🔊発音 ネバーソートゥ

◯ こんな場面で使う

　自分が思っていたことと違ったり、意外だと感じたとき、日常会話でもビジネスシーンでもよく使います。

会話例 1

あなた Keio baseball team was very strong this year.（今年の慶應野球部はとても強かったね）

相手 What a fantastic match in Koshien! You won.（甲子園の試合はすばらしかったよ。優勝したものね）

あなた Never thought.（考えてもみなかったよ）

会話例 2

あなた It seems I underestimated your potentiality.
（君の潜在能力を過小評価していたようだ）

相手 I had a top sales performance this month.
（今月営業トップの成績を取ったんです）

あなた Never thought.（思ってもみなかったよ）

REWORD 別の単語で言い換えると

⭐⭐……unexpectedly（アンイクスペクティドリー）

⭐⭐⭐…unforeseeable（アンフォースィーアボー）,
　　　　unpredictable（アンプレディクタボー）

Phrase

021 | 調子が悪い

Something wrong

🔊発音 サムシングウローング

◯ こんな場面で使う

何か原因がわからないが、いつもと違う、通常ではないときに使う表現です。日常会話で頻出です。

会話例1

あなた **We should be in a hurry, please get in my car.**（急がなきゃ、私の車に乗って）

相手 **Why will your car not start?**
（どうして出発しないの？）

あなた **Something wrong.**（何かおかしいんだ）

会話例2

あなた **You should print this report and hand it to your manager.**（この報告書を印刷して上司に渡して）

相手 **But my laptop did not work well.**
（だけど、私のパソコンが動かないんだ）

あなた **Something wrong.**（調子が悪いんだね）

REWORD▷ **別の単語で言い換えると**

★⋯⋯⋯**mistaken**（ミステイクン）

★★⋯⋯**misunderstood**（ミスアンダーストゥッドゥ），
incorrect（インコレクトゥ）

Part2
外国人と話すときに覚えておきたい 即戦力英語フレーズ35

Phrase

022 | どういたしまして

My pleasure

🔊 マイプレジャー

こんな場面で使う

直訳すると「私の喜び」という意味ですが、「お役に立ててうれしいです」といったニュアンスで使われます。日常会話、ビジネスシーン、双方で使います。

会話例 1

あなた I am delighted to see you again after a long interval. （久しぶりにお会いできてうれしいです）

相手 Thank you for having us today.
（今日はお招きいただきありがとうございます）

あなた My pleasure. （どういたしまして）

会話例 2

あなた We would like to contribute to solve the environmental issues. （私たちは環境問題の解決に貢献したいんです）

相手 Your reports were very useful for our company. Thank you so much. （御社のレポートは、私たちにとって、とても有益でした。本当にありがとうございました）

あなた My pleasure. （どういたしまして）

REWORD 別の単語で言い換えると

☆………no problem（ノープロブレム）
☆☆……most welcome（モストウェルカム）

あなた We'll be in the same department from today.（今日から同じ部署だね）

相手 It was a pleasure doing business with you.
（お仕事をご一緒できてうれしいです）

あなた Most welcome.（よろしくね）

Part2
外国人と話すときに覚えておきたい 即戦力英語フレーズ 35

Phrase

023 | おおよそ

Roughly

発音 ラフリー

○ こんな場面で使う

正確にはわからないとき、話の詳細を省略するときのほか、困った状況を切り抜けたい場面でも有効です。

会話例 1

あなた My home is very far from the nearest station.（私の家は最寄りの駅から遠いんです）

相手 Oh, will it take half an hour on foot?
（そうなの？ 徒歩 30 分かかる？）

あなた Roughly.（だいたい）

会話例 2

あなた We estimate the cost of our project at $10000.（我々のプロジェクトの見積もりは 1 万ドルです）

相手 I think it is a bit expensive, your calculation is correct?（少し高いですね。計算は合っていますか）

あなた Roughly.（概算です）

REWORD 別の単語で言い換えると

★………about（アバウトゥ）, almost（オールモストゥ）, nearly（ニアリー）

★★……approximately（アプロクスィメイトリー）

126

Phrase
024 | 実際は

Actually

🔊 アクチュアリー

🟢 こんな場面で使う

事実とは違う捉え方に対して、本来の意味や真実を伝える際に、「実は」と切り出すときに使えます。「実際はね」「現実はね」といったニュアンスです。

会話例 1

- あなた **He looks very young.** (彼はとても若く見えるよね)
- 相手 **But he is 55 years old.** (でも彼は 55 歳よ)
- あなた **Actually.** (実際はね)

会話例 2

- あなた **I have never been abroad.**
  (私は海外に行ったことがないんです)
- 相手 **Your English is very good. You tell a lie.**
  (嘘でしょ、あなたの英語はとてもうまいもの)
- あなた **Actually.** (本当ですよ)

Reword 別の単語で言い換えると

☆……**in fact**（インファクトゥ）
☆☆……**indeed**（インディードゥ）,
　　　virtually（バーチャリー）

Part2
外国人と話すときに覚えておきたい **即戦力英語フレーズ 35**

Phrase

025 | 時宜を得た

じ ぎ

Timely

🔊 発音 タイムリー

○ こんな場面で使う

「適時」や「タイミングが良い」という意味を持つ言葉です。適切なタイミングで行動することを強調する際に使用します。

日常生活やビジネスシーンだけでなく、野球や株式などの業界用語としても使われています。

ビジネスシーンにおいては、「しかるべきタイミングで」「適切なタイミングで」などのニュアンスを表現するときに使用されます。

会話例1

あなた **Do you know how Shohei Otani was yesterday?**（昨日の大谷翔平はどうだったか知ってる？）

相手 **He had one hit on the match.**

（試合でヒット1本打ったよね）

あなた **Timely.**（タイムリーヒットだったよ）

会話例2

あなた **The war in Gaza was broken out.**

（ガザで戦争が勃発しました）

相手 **Japanese government issued the statement.**

128

（日本政府は声明を出しましたね）

あなた **Timely.**（いいタイミングでしたね）

Reword▶ 別の単語で言い換えると

☆☆……**well-timed**（ウェルタイムドゥ）,
　　　　opportune（オポチューン）,
　　　　appropriate（アプロプリエイトゥ）

あなた **What was the best-selling book last year?**
（昨年のベストセラー本は何だったの？）

相手 **The books related to President Trump were well sold.**（トランプ大統領関連の本が売れましたね）

あなた **Well-timed.**（時宜を得ているね）

Phrase

026 | わざと

On purpose

発音 🔊 オンパーパス

○ こんな場面で使う

「わざと」「故意に」という意味です。日常会話でも
ビジネスシーンでも使います。知っておくと、とても
便利な表現です。

会話例1

あなた **I was very irritated yesterday.**

（昨日はとてもいらいらしていました）

相手 **That is why you made such an easy
mistake?**（だから、あんな簡単なミスをしたの？）

あなた **On purpose.**（わざとです）

会話例2

あなた **I can not understand what Israel will aim
at.**（イスラエルの目的がわかりません）

相手 **Israel attacked UN facilities in Lebanon
last week.**（先週、イスラエルはレバノンの国連施設を攻撃し
ましたね）

あなた **On purpose.**（意図的ですよ）

130

Reword 別の単語で言い換えると

★………**by choice**（バイチョイス）
★★……**intentionally**（インテンショナリー）
★★★…**deliberately**（デリバレートリー）

あなた **I think that wildfire is a natural occurrence.**
（その山火事は自然発生だと思います）

相手 **But police do not see so.**
（でも、警察はそう思っていないですよ）

あなた **Deliberately?**（故意にですか）

Phrase

027 | すごい

Amazing!

🔊発音 アメーズィング

◯ こんな場面で使う

「驚くべき」「素晴らしい」「信じられない」といった
趣旨です。何かが非常に良い、または予想外であるこ
とを表現する際に使用されます。

例えば、技術の進歩や人の才能、美しい景色など、
感動的なものや驚くべき出来事に対して使われること
がよくあります。

ビジネスでも、部下の仕事が驚くほど速いときなど
に、フレンドリーな雰囲気で使うといいですね。

会話例1

あなた How was the concert last week?
（先週のコンサートはどうだった？）

相手 It was very exciting. I was able to see
famous singers.（とてもエキサイティングだったよ。有名な
歌手も見ることができたし）

あなた Amazing!（すごい）

会話例2

あなた Do you think the level of Japanese
technology will go down ?（日本の技術のレベルは下

がっていると思いますか）

（相手） **No I don't think so. The technology, especially in the field of autonomous driving, has been made progress in recent years.** （いいえ、そう思いません。近年、特に自動運転の分野では技術が進歩しています）

（あなた） **Amazing!** （すばらしい）

REWORD **別の単語で言い換えると**

☆☆……excellent（イクセレントゥ）
☆☆☆…brilliant（ブリリアントゥ）

（あなた） **It makes me want to eat crabs when I see TV program.** （テレビ番組見てたら、カニが食べたくなったよ）

（相手） **If you go to the Hokuriku region in winter, you can eat delicious crabs.** （冬に北陸地方に行けば美味しいカニが食べられますよ）

（あなた） **Brilliant!** （素晴らしい）

Part2
外国人と話すときに覚えておきたい **即戦力英語フレーズ35** 133

| Phrase

028 | 一大事だ

Big deal!

🔊発音 ビッグディール

◯ こんな場面で使う

「おおごと」という意味で、ネイティブの会話でよく
使われているスラングです。

もともと Deal というのは「（ビジネス上の）取引」
というような意味で、Big deal で「大きな取引」。そこ
から発展して、ビジネスに限らずすべての事に関して
「おおごと」とか「すごいこと」という意味で使われて
います。

一方で、「深刻な事態」というような悪い意味も含
まれています。

会話例1

あなた **Why did you come to office so early this morning?** （なぜ今朝はこんなに早くオフィスに来たの？）

相手 **I got a new contract yesterday so I would like to inform you.** （昨日、新たな契約をとったので、あなたに報告したかったのです）

あなた **Big deal.** （でかした）

会話例2

あなた **What happened to you?** （どうしたの？）

相手 **I had a car accident and was injured.**
（交通事故に遭って、ケガをしました）

あなた **Big deal.**（それは大変）

REWORD 別の単語で言い換えると

★‥‥‥‥**important**（インポータントゥ）

★★‥‥‥**It matters**（イットゥマターズ）

あなた **Divorce among middle-aged adults is on the rise.**（熟年離婚が増えてますね）

相手 **Nowadays, women are also working, and they can live without relying on a man's income.**（今は女性も働く時代で、男性の収入に頼らずに生きられますからね）

あなた **It matters.**（それは重要ですよ）

Part2
外国人と話すときに覚えておきたい **即戦力英語フレーズ 35**　135

| Phrase |

029 | 基本的には

Basically

🔊 発音 ベイスィカリー

○ こんな場面で使う

「基本的に、根本的に」という意味ですが、ネイティブスピーカーにとっては物事の本質を要約するという意味が強い言葉です。

そのため、副詞として文を修飾する場合、「簡単にいえば」「要するに」「つまり～」となります。

会話例1

あなた **I like Ramen and Udon.**

（ラーメンとうどんが好きなんです）

相手 **It means you like noodle.**

（つまり麺類が好きということですね）

あなた **Basically.**（そういうことです）

会話例2

あなた **We need some modifications on your proposal.**（あなたの提案には少し修正が必要です）

相手 **If we modify, do you agree with this proposal?**（修正すれば、この提案に同意しますか）

あなた **Basically.**（基本的には）

Reword 別の単語で言い換えると

☆☆……**in principle**（インプリンシポー），
essentially（エッセンシャリー）

☆☆☆…**fundamentally**（ファンダメンタリー）

あなた **The situation in the Middle East remains unstable.**（中東の状況は依然不安定ですね）

相手 **But the ceasefire in Lebanon has been accepted by all parties.**（しかし、レバノンでの停戦がすべての当事者に受け入れられましたよ）

あなた **In principle.**（原則的にはですね）

Phrase

030 | ついに

Finally!

🔊発音 ファイナリー

⬤ こんな場面で使う

　長い努力や待ちの後、望んでいたことが実現したときに使います。日常会話、ビジネスシーン、外交の舞台でも使用します。

会話例 1

あなた　I have been waiting for the train for 2 hours.（電車を2時間も待っているんです）

相手　The train has come, it seemed to be delayed due to the signal accident.（電車が来ましたよ。信号機の故障で遅れたようですね）

あなた　Finally.（やっとだ）

会話例 2

あなた　I hope UN should play an important role in the international community.（国連には国際社会で重要な役割を果たしてほしいな）

相手　Some mediation efforts by UN were successful.（国連の仲介努力がいくつか奏功しました）

あなた　Finally.（ついに）

138

REWORD 別の単語で言い換えると

☆………**at last**（アットラストゥ），
　　　　　after all（アフターオール）
☆☆……**eventually**（イベンチュアリー）

あなた It's difficult to maintain a work-life balance between work and family. （仕事と家庭のワークライフバランスは難しいわね）

相手 I decided to quit my job.
（私は仕事を辞めることにしました）

あなた Eventually. （結局、そうしたのね）

Phrase

031 | 快適

Comfortable

 カンファタボー

◯ こんな場面で使う

主に日常会話で身体的な快適さやリラックスした状態を指すときに使われます。例えば、ソファやベッドが体にぴったり合っていると感じるときなどに適しています。また、ビジネスシーンでは、相手の提案を気持ちよく受け入れるときにも使えます。

会話例 1

- あなた **I just moved today.**（ちょうど今日引っ越しました）
- 相手 **How is your new house?**（新しい家はどうですか）
- あなた **Comfortable.**（快適です）

会話例 2

- あなた **Our company is on the verge of bankruptcy. Do you have a good idea to overcome this situation?**（会社が破産寸前です。この状況を打破する良いアイデアはありますか）
- 相手 **How is our thinking to cut down salary of staffs by 20%?**（社員の給料を20％削減するという考えはどうですか）
- あなた **Comfortable.**（それはいいですね）

Reword 別の単語で言い換えると

☆………relaxed（リラックストゥ）
☆☆……cosy（コーズィー）,
　　　　luxurious（ラグジュリアス）

あなた How will you spend your time after retirement?（定年後はどう過ごすの？）
相手 First, I'm going on a trip around the world.（まずは世界一周旅行に行くよ）
あなた luxurious!（ぜいたくね）

Phrase

032 | 対面で

In person

発音 🔊 インパーソン

○ こんな場面で使う

電話や LINE などのオンライン越しではなく、相手と「実際に会う」ことを意味します。また、「俳優の○○を生で見た」など、俳優やアーティストなど普段テレビ越しに見ている人を「生で見た」といいたいときにも「in person」を使って表現することができます。

会話例 1

あなた I saw a famous singer yesterday.

（昨日、有名な歌手を見たよ）

相手 On television, right? （テレビで、でしょ？）

あなた In person. （生で見た）

会話例 2

あなた Could you come to office for meeting tomorrow? （明日、面談のために会社に来ていただけますか）

相手 How about online? （オンラインではどうですか）

あなた In person. （対面でお願いします）

REWORD 別の単語で言い換えると

★⋯⋯⋯directly （ダイレクトリー）

★★⋯⋯ face to face （フェイストゥーフェイス）

Phrase

033 | 正直に

Honestly

発音 オネストリー

● こんな場面で使う

カジュアルな会話でよく用いられ、特に友人間のコミュニケーションで多く使われます。

会話例1

あなた It seems your shirt is so tight.

（あなたのシャツはとてもきつそうですね）

相手 Do you think I am fat?

（私が太っていると思ってる？）

あなた Honestly.（まあね）

会話例2

あなた I doubt your ability to make a good proposal.（あなたがたに良い提案をする能力があると思えません）

相手 You do not expect our proposal will be accepted by clients, do you?（私たちの提案が顧客に受け入れられると思っていないでしょ？）

あなた Honestly.（はい、正直にいえば）

REWORD 別の単語で言い換えると

☆………openly（オープンリー）

☆☆……truly（トゥルーリー）, plainly（プレインリー）

Part2
外国人と話すときに覚えておきたい **即戦力英語フレーズ35** | 143

Phrase

034 | 見当もつかない

No idea

発音 🔊 ノーアイデア

◯ こんな場面で使う

質問に対して「まったくわからない」「見当もつかない」と、知らないということを強調する表現です。

または、質問をはぐらかすような場面でも使い、「具体的な話は省くが、あなたが思ってもみないような状況だ」というニュアンスが伝わります。

会話例 1

あなた We can't take our eyes off Major League.（メジャーリーグから目が離せないね）

相手 Which team will win Dodgers or Yankees? Each team has a hard hitting player.（ドジャースとヤンキース、どっちが勝つかな。どちらのチームにも強打の選手がいるね）

あなた No idea.（本当にわからない）

会話例 2

あなた The stability of the Middle East is basis of the life of Japanese people.（中東の安定は日本人の生活を支える基盤となっています）

相手 How do you think to stop the war in this

region?（この地域の戦争をどのように止めればいいですか）

あなた **No idea.**（見当もつきません）

Reword 別の単語で言い換えると

★★……**at sea**（アットスィー）
★★★…**ignorant**（イグナラントゥ）

あなた **The future of Japanese companies is bleak.**（日本企業の未来は暗いですね）

相手 **Your company will be merged with another company soon.**（近く御社も他社に合併されるんですね）

あなた **At sea.**（途方に暮れてます）

Phrase

035 | ひどい！

Disgusting!

発音 ディスガスティング

○ こんな場面で使う

「気分を悪くさせる」や「むかつくような嫌悪」など
ネガティブなニュアンスが含まれており、落ち込んだ
ときや愚痴をいいたいときに使う表現です。

　日常会話でよく使い、フォーマルの場ではいうべき
ではありません。

会話例1

あなた **This ramen is not so tasty.**

（このラーメンはあまりおいしくないな）

相手 **You should try to put wasabi on your ramen, it is so delicious.** （ラーメンにわさびをのせてみ
て。すごくおいしいよ）

あなた **Disgusting.** （いやだ、まずそう）

会話例2

あなた **Do you enjoy sightseeing in Japan?**

（日本での観光を楽しんでいますか）

相手 **Summer in Japan is so hot and humid.**

（日本の夏は蒸し暑すぎます）

あなた **Disgusting.** （まったく、ひどいね）

REWORD 別の単語で言い換えると

☆☆……horrible（ホリボー）,
　　　　annoying（アノーイング）

あなた There were many typhoons this summer.
（今年の夏は台風が多かったですね）

相手 How was the weather on summer camp?
（サマーキャンプのときの天気はどうでしたか）

あなた Horrible!（ひどかった）

Part2
外国人と話すときに覚えておきたい 即戦力英語フレーズ 35

Column 2

総理通訳の仕事とは

総理大臣の通訳は、そもそも誰がやっていて、どうやったらなれるのか？

このような質問をよく受けます。

日本の総理大臣と各国首脳との会談、いわゆる首脳会談の通訳の任務を負っているのは、外務省の職員、つまり外交官です。したがって、総理通訳になるには、外務省の採用試験に合格する必要があります。

外務省は44の専門語学を新入職員に割り当てますが、その後の海外での語学研修の成績および海外の大使館、東京本省での通訳実績、評価などを踏まえ、各言語の中で最も優秀な者がその言語の総理通訳になることができるのです。

公式の首脳会談の後、会談場所の園庭を散歩するなど、通訳のみを同席させた会談が行われることがあります。その際、両首脳は「二人だけ」で向き合います。

その短時間の会談で歴史が動く、といわれるほど重要な意味を持つのです。

両首脳がどんな会話を交わしていたかはトップシークレットで、国家機密です。

故安倍晋三元総理とトランプ大統領の数度にわたる長時間のゴルフもまた、日米の歴史に残る会談となりました。

メディアは報じていませんが、実はこのときも通訳は同行していました。どちらかの運転でゴルフカートで移動中も、通訳はカメラに映らないようにカートの隅に体を小さく折り曲げるようにして座り、二人の会話をサポートしていたのです。

　すべては、両首脳の言葉や意思を正確に伝え、円滑なコミュニケーションを実現し、実りある首脳会談にするためであり、通訳の果たす役割の一端を如実に示しています。

　このような、通訳のみを同席させた首脳同士の会談のことを、外交用語で「テタテ（tete-a-tete）」といいます。"内密"を意味するフランス語に由来しています。

　私も外務省時代、アラビア語通訳として、このテタテに任命された経験があります、

　首脳会談の通訳は、日本では外交官の最重要任務の一つで、通常、両国から1人ずつ通訳が出ます。その責任の重さは並大抵のものではありません。

　総理通訳は、単に総理大臣の発した言葉を翻訳する、というだけでは務まりません。そうであれば、総理通訳は人間である必要はなく、いずれ AI にとって代わられるでしょう。

　しかし、そうはならないのには理由があります。

　総理通訳は、単なる翻訳のできる通訳ではなく、政策の中身（外交用語でサブスタンスという）を完全に理解した上で、瞬間的に適切な言葉を選択し、伝えな

Part2
外国人と話すときに覚えておきたい 即戦力英語フレーズ 35

くてはなりません。そういう意味でも、総理通訳の存在と果たす役割は限りなく大きいといえます。

さらにいうと、一語一句から、首相が何を思って発言しているのか、意図をくみ取り、その思いに沿った言葉を選ぶ必要があります。つまり、総理通訳は、首相の「分身」でなければならないのです。

両首脳の会話が友好的なムードであれば、通訳もその場に合った言葉で訳します。緊迫した場面では、通訳の声のトーンも変わります。まさに、その会談を仕切る、事実上の「マネジャー」なのですが、決して「でしゃばって」はいけません。

例えば、首脳会談の冒頭にはメディアの取材や写真撮影があります。そのような場面には通訳は映りこまないようにします。その後、会談が始まるとさっと入って通訳をし、報道陣にも聞こえるよう意図的に大きな声で訳すなど、気配りや機転も利かせる必要があるのです。

言語は、国際社会で生き抜くための最大最強の武器です。

日本の外交官が外国の要人に対し、どれだけレベルの高い外国語を披瀝できるかは、日本がその国、地域をどれだけ重視しているかの象徴であり、相手国からの試金石なので、総理通訳は、まさに言葉で国益を背負っているのです。

総理通訳の真髄は、グローバルなビジネスシーンでも活かせます。世界を股にかけるビジネスパーソン

も、AIの翻訳に頼ることなく、自身の言葉で、会社を背負ってビジネスを進める気概が求められるからです。

外国企業との商談の場で、社長の通訳を務めることは、社長の期待を一身に背負うことになります。社長の期待は、会社の期待でもあります。

プレッシャーもかかりますが、場数を踏んで、成功体験を積み重ねることで期待に応えられる存在になっていくものです。

日常生活では、通訳を行う機会はあまりないかもしれませんが、自治体の英語のボランティアなどに応募して、ぜひ経験してみてください。

母国語以外の言語を訳すのがいかに難しいかわかると同時に、感謝されることで、きっとこれまで経験したことのない、大きな喜びも感じるでしょう。

通訳ができるようになると、自分の頭の中で考えた言葉を訳すことは簡単に思えてきます。

こうした経験の積み重ねが、英会話力の着実な向上につながると自信を持っていえます。

外国人との会話に欠かせない
基礎英語フレーズ 30

Magic phrase 30

| Phrase |

001 | 大丈夫

All right

🔊 **発音** オーライトゥ

◯ こんな場面で使う

万事 OK で「大丈夫、申し分ない」「結構な」「好都合な」「差し支えない」「問題ない」「元気である」など多様な場面で使用します。日常会話でよく使います。

会話例 1

あなた There was a fire in my next door house yesterday.（昨日、隣の家で火事がありました）

相手 Oh, I hope nothing happened to you and your house.（えっ、あなたと家に何もなかったならいいけど）

あなた All right.（大丈夫でした）

会話例 2

あなた I am delighted to go forward this project.
（このプロジェクトが進んでいてうれしいです）

相手 Could you make a final presentation for success of this project?（プロジェクトを成功させるために、あなたに最終プレゼンを担当してほしいのですが）

あなた All right.（了解です）

Phrase

002 | おめでとう

Congratulations!

🔊 発音 コングラッチュレーションズ

◯ こんな場面で使う

　　努力して何かを得られたときや成功したとき、あるいは人生の節目となるシーンで祝意を示すのに使います。試験に合格したときや、入学や卒業、就職、開業、婚約や結婚、出産といった人生の節目が挙げられます。必ず複数形で使います。

会話例1

あなた Has the place of employment been decided?（就職先は決まった？）

相手 I passed a recruitment examination for Google company.（グーグル社の就職試験に合格したわ）

あなた Congratulations!（おめでとう）

会話例2

あなた It has been a long time. How have you been?（久しぶりですね、お変わりありませんか）

相手 I got married with a beloved person last year.（昨年、最愛の人と結婚しました）

あなた Congratulations!（おめでとう）

Part3
外国人との会話に欠かせない **基礎英語フレーズ30**

Phrase

003 | すべて順調？

Everything OK?

発音 🔊 エブリスィングオッケー↑

こんな場面で使う

　直訳すると「すべて大丈夫ですか？」という意味となり、道に迷っていそうな人、探し物をしていそうな人、落ち込んでいる人に「大丈夫ですか」と声かけするときなどにも使う表現です。日常会話でよく使います。

会話例 1

あなた **You look so tired today.**（とても疲れてるね）

相手 **Yes, I am very busy for many meetings.**
（会議が多くてすごく忙しいんです）

あなた **Everything OK?**（大丈夫ですか）

会話例 2

あなた **I heard your son failed exam.**（あなたのご子息は試験に落ちたと伺いました）

相手 **Yes, he was so shocked at that time.**（当時は、とてもショックを受けていました）

あなた **Everything OK?**（その後、大丈夫ですか）

Phrase

004 | 良い旅を！

Safe trip!

🔊発音 セイフトリップ

こんな場面で使う

　　旅立ちの際にかける言葉で、遠い旅行に限らず近場でも OK。safe は「安全な」という意味ですが、カジュアルに「良い旅を」というイメージです。ビジネスの出張では、「気をつけてね」というニュアンスも。

会話例 1

あなた What are you going to do for Golden Week?（ゴールデンウィークはどう過ごすの？）

相手 I will go scuba-diving in Okinawa.

（沖縄にダイビングに行くんだ）

あなた Safe trip.（良い旅を）

会話例 2

あなた I had a great time today.（今日はとても楽しかった）

相手 It was nice meeting you. I will have an overseas transfer from now and will not be back to Japan for a while. Let's work hard till then.（海外転勤の前に会えてよかった。僕はしばらく日本に戻れないけど、お互い仕事頑張ろう）

あなた Safe trip!（気をつけてね）

Part3
外国人との会話に欠かせない **基礎英語フレーズ 30**　157

Phrase

005 | 頑張れ！

Good luck!

🔊発音 グッドラック

○ こんな場面で使う

「幸運を祈っているよ」「成功を祈っているよ」という意味の表現です。何かにチャレンジしようとしている人、大事なことを控えている人に対して「頑張って」「良い結果を祈っている」と伝えるときに適した表現です。

会話例 1

あなた **Are you working hard on your English studies?**（英語の勉強、頑張っているかな？）

相手 **I will have very important exam tomorrow.**（明日、大事な試験があるんです）

あなた **Good luck!**（頑張ってね）

会話例 2

あなた **I heard you changed your job.**
（転職したって聞いたよ）

相手 **I will start my new job next week.**
（来週から新しい仕事を始めるんだ）

あなた **Good luck.**（成功を祈る）

Phrase

006 | そうなんだ

I see

発音 アイスィー

○ こんな場面で使う

自分が知らなかったことを理解したときに使い、日本語の「なるほど」「そういうことか」「そうなんだ」という意味を表す英語フレーズです。日常会話でもビジネスシーンでも使います。

会話例 1

あなた I think it is useful to study English abroad.
（英語は海外で学ぶのが効果的ですよね）

相手 You can take online English classes, so you don't have to go abroad. （オンラインで英語の授業が受けられるから、海外に行く必要はないよ）

あなた I see. （なるほど）

会話例 2

あなた Who can stop the war in Ukraine?
（誰がウクライナ戦争を止められるの？）

相手 I think Japan can contribute in the financial aspects. （日本は資金面で貢献できると思うよ）

あなた I see. （そうですね）

Part3
外国人との会話に欠かせない **基礎英語フレーズ 30**

Phrase

007 | 不可能だ

Impossible!

🔊発音 インポッスィッボー

○ こんな場面で使う

不可能な、考えられない、ありえない、という意味です。日常会話でもビジネスシーンでもよく使います。

会話例1

あなた I want to be a professional baseball player. （プロ野球選手になりたいんです）

相手 I expect you will be a majestic player like Shohei Otani. （大谷翔平選手のような素晴らしい選手になってください）

あなた Impossible. （それは無理ですよ）

会話例2

あなた We are confident that the cost of our proposal is reasonable. （我々の提案価格は適切であると確信しています）

相手 But for us, it is still expensive. Could you discount on your proposal? （しかし、我々にとってはまだ高いです。値引きしていただけませんか）

あなた Impossible. （できません）

Phrase

008 | もし可能なら

If possible

発音 イフポッシボー

こんな場面で使う

主に依頼や提案をする際に、条件を付けることで、相手の都合や可能性を尊重する表現として用いられます。日常会話、ビジネスシーン双方で使います。

会話例1

あなた This hotel is famous for an ocean view, isn't it? (このホテルはオーシャンビューで有名なんですよね)

相手 Would you like to get a room with an ocean view even it is expensive? (高いですけどオーシャンビューの部屋を取りましょうか)

あなた If possible. (できれば)

会話例2

あなた I am not good at reading English newspapers. (私は英語の新聞を読むのは苦手なんです)

相手 Would you prepare Japanese? (日本語の新聞を用意しましょうか)

あなた If possible. (もし可能なら)

Part3
外国人との会話に欠かせない 基礎英語フレーズ30

Phrase

009 | 同意します

I agree

発音 アイアグリー

こんな場面で使う

個人的な意見や感情に基づく一致を示す際に使用されます。友人や同僚との日常会話で頻繁に使われる表現で、フォーマルなビジネスシーンでも活用されます。

会話例1

あなた **I do not want to see political scandals in Japan.** （日本の政治スキャンダルは見たくないね）

相手 **I think many Japanese politicians were not respected already.** （ほとんどの日本の政治家はすでに尊敬されてないよ）

あなた **I agree.** （同感です）

会話例2

あなた **I hope Japan will be a world leader.**
（日本には世界のリーダーになってほしいな）

相手 **Do you think Japan should be a member of UN security council?** （日本は国連の安全保障理事会のメンバーになるべきですか）

あなた **I agree.** （そう思います）

Phrase

010 | さみしいよ

Miss you

発音🔊 ミスユー

○ **こんな場面で使う**

　会いたい、寂しいといった感情がすべて含まれた表現。家族や恋人、友人など大切な人が遠く離れて自分のそばにいないときに使われ、「あなたがいなくて寂しいから会いたい」や「あなたのこと考えて（想って）いるよ」といったニュアンスが込められています。

会話例 1

あなた **How are you? I hope you are well.**

（お元気ですか？　そう願ってるわ）

相手 **Good but I have not seen you for a long time.** （元気だよ、だけどずいぶん会えてないね）

あなた **Miss you.** （さみしいわ）

会話例 2

あなた **When will you be back to Japan, Dad?**

（お父さん、日本にはいつ帰れるの？）

相手 **Business trip was extended, so I can not be back for another month.** （出張が延びて、あと1か月は帰れないんだ）

あなた **Miss you.** （早く会いたい）

Part3
外国人との会話に欠かせない **基礎英語フレーズ30**　163

Phrase

011 | 私も

Me too

🔊発音 ミートゥー

○ こんな場面で使う

肯定的な内容に対して同意を表す際に使います。カジュアルな表現なので、親しい間柄で使います。否定の文章に使わないので注意が必要です。

会話例 1

あなた **There are a lot of dessert at this cafe.**

（このカフェはデザートがたくさんあるわね）

相手 **I will have one cheese cake and one apple pie, please.** （チーズケーキとアップルパイを一つずつお願いします）

あなた **Me too.** （私も）

会話例 2

あなた **Which city do you like best in Japan?**

（日本でどの都市が一番好きですか）

相手 **I like Kyoto. Because there are a lot of traditional temples.** （京都が好きです。伝統的な寺院が数多くあるからです）

あなた **Me too.** （私もです）

164

Phrase

012 | たぶんね

Maybe

🔊(発音) メイビー

こんな場面で使う

　確信の度合いが50%程度かそれ以下のときに使われます。80%ぐらいなら「probably」、逆に20%ぐらいなら「perhaps」を使うことが多いです。ただし、絶対的な決まりがあるわけではないので、話していく中でニュアンスをつかみましょう。

会話例 1

あなた The weather has been bad recently.
（最近、ずっと天気が悪いよ）

相手 Do you think it is also going to rain tomorrow?（明日も雨かな？）

あなた Maybe.（たぶんね）

会話例 2

あなた I am very tired so I want to eat something sweet.（すごく疲れちゃったから、なにか甘いものを食べたいわ）

相手 Later you will have a pancake which you like very much.（あとで、あなたが大好きなパンケーキを食べるでしょ）

あなた Maybe.（たぶん、そうね）

Part3
外国人との会話に欠かせない **基礎英語フレーズ30**

Phrase

013 | まあまあ

Not bad

発音 🔊 ノットバードゥ

○ こんな場面で使う

口語で、（まんざら）悪くない、なかなかよいという意味で、控えめないい方ではありますが、一応、満足している、ぎりぎり合格点というニュアンスで使います。日常会話、親しい間柄で使います。

会話例 1

あなた **I am a little bit particular in buttered toast.**（僕は、バタートーストにはちょっとうるさいんだよ）

相手 **How is my home-made butter?**
（私の自家製のバターはどう？）

あなた **Not bad.**（悪くないね）

会話例 2

あなた **A lot of employees were fired at that company.**（あの会社では多くの従業員が解雇されました）

相手 **How do you see your company's management?**（あなたの会社の経営はどうですか）

あなた **Not bad.**（まずまずかな）

| Phrase |

014 | 確かでない

Not sure

🔊 ノットシュアー

◯ こんな場面で使う

自信がないこと、確信が持てないというニュアンスで、日常会話でよく使われます。

会話例 1

あなた I understand many clients will attend this event. (このイベントには多くの顧客が参加するようですね)

相手 Will your client attend?
(あなたが担当する顧客は参加されますか)

あなた Not sure. (わからないです)

会話例 2

あなた We should accelerate this project. It is already behind schedule. (このプロジェクトを早く進めなければなりません。すでにスケジュールが押しています)

相手 Can you finalize the report till next week?
(来週までに報告書を完成できますか)

あなた Not sure. (自信ないです)

Part3
外国人との会話に欠かせない **基礎英語フレーズ 30**

Phrase

015 | まだです

Not yet

🔊発音 ノットイェットゥ

◯ こんな場面で使う

「（今までのところでは）まだ…ない」「まだしばらく
は…ない」といいたいとき使います。日常会話でも、
ビジネスシーンでもよく使うフレーズです。

会話例 1

あなた I wish I could speak English more fluently.

（もっと英語が流ちょうに話せたらなあ）

相手 Have you resumed to study English hard?

（真剣に英語の勉強をやり直していますか）

あなた Not yet. （いいえ、まだです）

会話例 2

あなた The general election was held today.

（総選挙が今日行われました）

相手 Has the result confirmed?

（結果は判明しましたか）

あなた Not yet. （まだです）

Phrase

016 | 問題ないよ

No problem

🔊発音 ノープロブレム

○ こんな場面で使う

人から依頼を受けたときに、それを承知したという場合や、問題が発生したときに、心配ないとして相手を安心させるような場合に使います。日常会話、ビジネスシーン双方で役に立ちます。

会話例1

あなた **You look very busy, how can I help you?**
（とても忙しそうだね。何か手伝おうか）

相手 **Thank you. Could you make a copy of this document?**（ありがとうございます。この書類をコピーしてもらえますか）

あなた **No problem.**（了解）

会話例2

あなた **I heard you would be late for the meeting due to heavy rain.So I decided to reschedule the meeting.**（大雨で、会議に遅れると聞いたから、リスケしといた）

相手 **I am sorry for bothering you.**
（迷惑かけてごめんね）

あなた **No problem.**（問題ないよ）

Part3
外国人との会話に欠かせない **基礎英語フレーズ 30**

Phrase

017 | もちろん

Of course

発音 オフコース

こんな場面で使う

日本語の「もちろん」とニュアンスが同じで、答え
が明白である、いうまでもないというときに使える英
語表現です。そのため相手から当然の事実を聞かれた
り、断る理由がないお願いをされたときの返事にも使
います。

会話例 1

あなた **I would like to help you as you have a lot
to do.**（やることがたくさんあるみたいだね、何か手伝うよ）

相手 **Could you teach me my homework?**
（宿題を教えてくれない？）

あなた **Of course.**（もちろん）

会話例 2

あなた **I have a lot of free time on weekends.**
（週末はひまだなあ）

相手 **Will you join the party with me on
Sunday?**（日曜日のパーティ、一緒に行く？）

あなた **Of course.**（もちろん）

Phrase

018 | どうして？

Why not?

🔊発音 ワイノット

こんな場面で使う

相手の発言に対して「何で〜しないの？」「何で〜がだめなの？」というように、理由を聞き返すときに使われます。親しい間柄で使います。

会話例 1

あなた A music concert will be held tomorrow. Many famous singers will join it. （音楽祭が明日あるよ。有名な歌手もたくさん来るんだって）

相手 I am a little bit hesitated to join. I have never been to a concert. （ちょっと迷ってる。だってコンサート行ったことないし）

あなた Why not? （何で迷うの？）

会話例 2

あなた How will you spend on weekends? （週末は何するの？）

相手 How about shopping in Shibuya? You can buy a variety of goods. （渋谷に買い物に行かない？ いろんな物が買えるよ）

あなた Why not? （もちろん行くよ）

Part3
外国人との会話に欠かせない **基礎英語フレーズ 30** | 171

Phrase

019 | 本当？

Really?

🔊発音 リアリー↑

◯ こんな場面で使う

　　事実や実際の状況を強調するとき、また、驚きや感動を表現する際にも使用されます。日常会話、ビジネスシーン双方で使います。

会話例1

あなた 30 years have passed since we got married.（結婚30周年になるわね）

相手 I bought travel tickets around the world.（世界一周旅行のチケットを買ったよ）

あなた Really?（本当？）

会話例2

あなた I hope I will work abroad in the coming years.（あと数年のうちに、海外勤務になるといいのですが）

相手 It was decided you will transfer to New York from next month.（君は来月からニューヨークに転勤が決まったよ）

あなた Really?（本当ですか）

> Phrase

020 | 信じられない

Unbelievable

🔊発音 アンビリーバボー

○ こんな場面で使う

　信じられないほど素晴らしい、すごい、驚くべき、途方もない、などと表現したいときの言葉です。ポジティブな意味とネガティブな意味との両方で使います。日常会話、ビジネスシーン双方でよく使われます。

会話例 1

あなた **Shohei Otani stole more than 50 bases last year.**（大谷翔平は昨年 50 以上も盗塁したんだよ）

相手 **How was Shohei's running speed?**
（翔平の走塁のスピードはどうなの？）

あなた **Unbelievable!**（信じられない速さだよ）

会話例 2

あなた **We should pay more attention to developing countries.**（もっと発展途上国に関心を持つべきですね）

相手 **Many children in Africa are died from starvation every year.**（毎年、アフリカで大勢の子どもたちが飢餓で死んでいます）

あなた **Unbelievable!**（信じがたいですね）

Part3
外国人との会話に欠かせない **基礎英語フレーズ 30**

Phrase

021 | 有名な

Well known

発音 ウェルノウン

○ こんな場面で使う

有名な、馴染みのある、よく知られている、と表現したいときに使います。日常会話でよく使います。

会話例1

あなた **A spider appeared last night.**

（昨夜、クモが出たわ）

相手 **Do you know the spiders are not insects?**

（クモが昆虫ではないって知ってる？）

あなた **Well known.** （よく知られてるよね）

会話例2

あなた **You should know Sumo wrestling.**
Otherwise you can not explain Japanese culture
to foreigners. （相撲を知っておくべきよ。でないと外国人に
日本文化を説明できないもの）

相手 **Who is Oonosato?** （大の里って知ってる？）

あなた **Well known.** （有名よ）

Phrase

022 | 気をつけてね

Take care

🔊 発音 テイクケアー

こんな場面で使う

　最も一般的な使い方は、人と会った後の別れ際に挨拶として使います。「Good-bye（さようなら）」や「See you（またね）」と同じです。メールやメッセージの最後に使うことも多いです。ゆっくり休んでという意味にも使います。

会話例1

あなた How is going on your new business?
（新しい仕事はうまくいってる？）

相手 I will have a business trip to abroad from tomorrow.（明日から海外出張なんです）

あなた Take care.（気をつけてね）

会話例2

あなた You look pretty shocked.
（相当落ち込んでるみたいね）

相手 I made big mistakes for exam.
（試験で大チョンボしたんだ）

あなた Take care.（落ち着いて）

Part3
外国人との会話に欠かせない **基礎英語フレーズ30** | 175

Phrase

023 | 機能していない

Not working

🔊 発音 ノットワーキング

○ こんな場面で使う

正常に機能しない、使い物にならない、効果がない、駄目である、うまくいかないなどの表現です。日常会話でもビジネスシーンでもよく使います。

会話例1

あなた It is too hot today. （今日は暑すぎる）

相手 I hope you have an air conditioner.
（エアコンあるよね）

あなた Not working. （壊れてるんだ）

会話例2

あなた Why do you think the performance of our company was worse than last year? （どうして我々の会社は去年より業績が悪化したのかな？）

相手 I think it is crucial of top leaders.
（トップリーダーの資質が死活的に重要ですよ）

あなた Not working. （それが機能してないんだよね）

Phrase

024 | 信じて

Trust me

発音 トラストミー

こんな場面で使う

「私を信じて！」という意味で、自分の意見や計画に対する信頼を求めるときに使います。「私のいっていることが正しい」という確信を相手に与える効果があります。

会話例1

あなた You have a lot of homework this summer.
（この夏は宿題がたくさんあるのね）

相手 Can you help me with my homework? A little bit difficult. （宿題手伝ってくれない？　少し難しいけど）

あなた Trust me. （任せてよ）

会話例2

あなた I have numerous experiences for projects as consultant. （私はコンサルタントとして多数のプロジェクト経験があります）

相手 Can you really complete to make a final draft of proposal? （本当に提案書を最終形まで完成されられますか）

あなた Trust me. （信じてください）

Part3
外国人との会話に欠かせない **基礎英語フレーズ30** | 177

Phrase

025 | よろしく

Say Hello

🔊発音 セイハロー

◯ こんな場面で使う

「よろしく」という意味で、特に別れ際によく使います。友人や親族間など日常会話で使うカジュアルな表現です。

会話例1

あなた **I have not come to his home recently.**
（最近彼の家に行ってないな）

相手 **Oh,I will see him at the party tomorrow.**
（そうなの、私は明日パーティで彼に会うよ）

あなた **Say Hello.** （よろしく伝えて）

会話例2

あなた **I would like to drop by at your office for a short time. I will go nearby.** （近くに行きますので、短時間だけ、御社に立ち寄らせていただきたいのですが）

相手 **How may I help you?** （どんな御用ですか）

あなた **Say Hello.** （ちょっとご挨拶まで）

Phrase

026 | お大事に

Bless you

🔊 発音 ブレスユー

こんな場面で使う

くしゃみをした際にいうだけでなく、さまざまな
シーンで使用される表現です。日本語に直訳すると
「神のご加護がありますように」となりますが、感謝を
伝える際や別れ際などに「人生がうまくいきますよう
に」といったニュアンスで使用されることがあります。

会話例 1

あなた Are you getting cold?（風邪ひいたの？）

相手 I can't stop sneezing.（くしゃみが止まらないよ）

あなた Bless you.（お大事にね）

会話例 2

あなた I think sometimes the promotion will
change the life.（昇進は時に人生を変えると思うよ）

相手 I hope I will be promoted in the next year.
（来年は昇進したいです）

あなた Bless you.（うまくいきますように）

Part3
外国人との会話に欠かせない **基礎英語フレーズ 30**

Phrase

027 | 楽しんでね

Enjoy yourself

(発音) 🔊 エンジョイユアセルフ

◯ こんな場面で使う

「楽しんでください！」という意味で、主に相手が何かのイベントやパーティ、旅行などに行くとき、または新しい経験や挑戦をするときに使います。

会話例1

あなた **I will invite you to a good restaurant as you are very hungry.**（おなかが空いているようだから、いいレストランに招待するよ）

相手 **I have a great fun to go to All-you-can- eat restaurant.**（食べ放題の店に行けるなんて最高だよ）

あなた **Enjoy yourself.**（楽しんでね）

会話例2

あなた **You work so hard so you can take summer vacations.**（夏休みがとれるように、一生懸命働いたんだね）

相手 **I am very happy to spend for two months in Europe.**（ヨーロッパで2か月過ごせるなんてうれしいよ）

あなた **Enjoy yourself.**（楽しんできてね）

Phrase

028 | もう一度

Try again

🔊発音 トライアゲイン

◯ こんな場面で使う

　何かの試みが失敗した後や、結果が期待通りでなかった場合に、再度挑戦することを勧める際に使われます。日常会話、ビジネスシーン双方で使います。

会話例 1

あなた **I would like to talk to her now.**
（彼女と今話したいんです）

相手 **She is busy now, Could you call her later?**
（今は忙しいので、後でかけてもらえますか）

あなた **Try again.** （かけ直します）

会話例 2

あなた **You did not study hard so that you failed the exam.** （ちゃんと勉強しなかったから試験に落ちたんですよ）

相手 **I regret myself. Could you give me a chance?** （後悔してます。チャンスをください）

あなた **Try again.** （やってみなさい）

Part3
外国人との会話に欠かせない **基礎英語フレーズ 30**
181

Phrase

029 | 良い質問だね

Good question

発音 グッドクウェスチョン

こんな場面で使う

先生が生徒に "Good question" といった場合は、しっかり理解できている上での質問である、という褒め言葉になります。ビジネスシーンでは、核心を突きすぎて、簡単に答えられない質問、という意味になります。

会話例1

あなた I am type O. You are type A.

（私は O 型で、あなたは A 型ですね）

相手 Why are there different blood types?

（どうして、いろいろな血液型があるんですか）

あなた Good question.（良い質問です）

会話例2

あなた There are news that executive compensation of more than 50 companies is over 100 million yen.（50 以上の企業の役員報酬が 1 億円を超えているんだって）

相手 I can't be convinced that top leaders get high salary, but employees not.（経営陣だけ高い給料をもらって、従業員がそうでないのは納得いかないです）

あなた Good question.（するどいね）

Phrase

030 | あなたの番

Your turn

🔊発音 ユアターン

◯ こんな場面で使う

「あなたの番ですよ」という意味ですが、日常会話、ビジネスシーン双方でよく使います。ビジネスでは、プレゼンの順番が来たときなどに使います。

会話例 1

あなた I am happy to play cards with you after a long time. (久しぶりに君とトランプで遊べて嬉しいな)

相手 Thank you. Then, who is drawing next?
(ありがとう。それで、次は誰がカードを引くの？)

あなた Your turn. (君の番だよ)

会話例 2

あなた I would like to ask some speakers to make short remarks. (何人かのスピーカーに簡潔にお話しいただきたいと思います)

相手 Who will be the first? (誰が最初ですか)

あなた Your turn. (あなたの番です)

Part3
外国人との会話に欠かせない **基礎英語フレーズ 30**

Column 3

英会話で重要な
「二の矢」の打ち方のコツとは

　英会話の勉強が順調に進んでいる方、さらにレベルアップしたい方は、これまで培ってきた語学力をいかに本番のビジネスシーンで発揮していくかという、次の段階に移っていきます。

　これまではあなたが主導の「自己発信」に重点を置いてきましたが、実際のビジネスシーンでは、先手を打ったあとの自己発信に対して、相手の発言をいかに聞き、理解するかが重要となります。

　すなわち、相手が話したことを短時間で要約してポイントをつかみ、それをベースに次の適切な「自己発信」（二の矢）へといかにつなげていくかという段階に入るのです。

　そのためには外国語の例文を音声でパラグラフ（節や段落）、あるいはひとまとまりの文章で聞いて、それを頭の中で簡潔に日本語に要約して、紙に書き出す練習が効果的です。あくまでも英語で発信するベースは日本語だからです。

　これを通訳の世界では「サマライジング（要約する）」といいます。

　要約した内容を紙に書き出すのは、そうしないと内容を可視化して誤りを正すことができないからで、本番でのメモ取りのための練習ではありません。

外国人との実際のビジネスでは、若手のビジネスパーソンは、最初は上司が会談する場に同席して経験を積むことになるでしょう。その後、一人で会談に臨むようになった際、外国人と1対1で真剣に対談するような場面では、いちいち視線を落としてメモを取ることはタブー、マナー違反です。AIの自動記録が使えるオンライン会議ならともかく、対面での会談であれば、あなたの記憶力だけが頼り。そのためにも、この「サマライジング」の練習は重要です。

　最初は短い英語の文章から始めて、徐々に、文章の量を増やして要約力を磨く。相手の長い発言に対しても、頭の中で素早く要約して、自分の発信の内容を「能動的に（dynamic）」かつ「理論的に」コントロールしていく。

　"二の矢"以降の「自己発信」も能動的に行えるようにするこの練習を、DLS = Dynamic Listening and Speaking（日本語では、「能動的に英語で聞き、英語で話す能力」）と通訳の世界ではいいます。

　最初は15秒程度の未知の英語のニュースの聞き取りから始めましょう。欧米のCNNやBBCなどは内容も日本人にはいきなりは難しいかもしれませんので、NHKワールドニュースなど、日本の題材を多く扱ったニュースから始めることをお勧めします。

　私はこれまで、リスニングは習ったことしか聞いてはいけないと強調してきましたが、ビジネス本番を迎える段階までくればそうもいかないので、ぜひ未知の内容にチャレンジしてください。

Part3
外国人との会話に欠かせない **基礎英語フレーズ30**

ビジネス本番では、相手の発言は1回しか聞けませんが、DLSは練習なので2回、3回と聞いて要約力を磨きましょう。その後、ニュースの長さを30秒、1分と延ばしてみてください。最後は、CNNやBBCで練習できれば「鬼に金棒」になると思います。

　ただし、最初はすごく難しく感じると思います。

　なぜなら、この練習はグローバルビジネスパーソンにとっても「最高レベル」に位置づけられるものだからです。

　私も、ゼロからスタートしたアラビア語でしたが、3年後、外交官として大使館勤務になる直前には、仕上げとして、この練習を家庭教師と繰り返し行いました。

　その上で、ビジネスの本番（外交官にとっては外国語での外交交渉、情報収集）で一つひとつ経験を積み重ねていくことで、DLSの能力がさらに向上し、それがさらに実際のビジネスでの交渉力、情報収集力を向上させるという好循環をもたらすのです。

　皆さんが、英語を使って縦横に、ビジネスシーンで活躍されることを祈念します。

おわりに

英語学習に疲れた、と感じたときには

　この本は、英語が苦手なあなたでも始められるように、2単語以下の超ミニフレーズだけを集めました。

　ただ、それでも英語は無理だと思いはじめたあなたへ、また、英語の勉強に座礁し、諦めかけているあなたへ、メッセージを送ります。

　外国語をマスターするのは本当に大変です。一朝一夕でできるものではなく、人生をかけた長い長いマラソンになります。でも、そういう努力は格好いいではありませんか。

　語学学習は、続けていれば必ず実を結びます。そのために、「続ける」ことが大切です。

　私は、24歳からアラビア語をはじめました。アラビア語のアルファベット（英語でいえばA、B、C）もまったくわからない、ゼロからのスタートです。

　それでも、A、B、Cを練習帳に丁寧に書き、同時に発音も、A、B、Cの一つずつを先生の前で何度も発音し、誤りを指摘され、怒られながら、コツコツと学習を続けました。

　実は、今から思えば、「丁寧に書く」と「何度も発音する」、この二つのことをくりかえし行うことが、外国語を習う上でとても重要なことだったのです。

ちなみに、外務省の同期で、英語、フランス語専攻の人たちは、帰国子女も多く、すでにペラペラです。かたや、私は地を這うように、A、B、Cの文字の練習からです。これを不公平ととらえていたら、そこで終わります。

　私はこの新しい言語との出会いを、自分の未知の可能性を切り拓いてくれる開拓者ととらえました。

　日本人は英語が不得意と思い込みがちですが、いや、私の目から見たら、義務教育で、アルファベットは書けるし、おはよう（Good morning）、ありがとう（Thank you）は誰でもいえる。これは実に素晴らしいことです。

　少なくとも24歳でアラビア語を習い始めた当時の私よりはるかに上ですよね。

　大丈夫。人間あきらめなければ「できる」んです。

　それでは最後に、語学の壁にぶつかったときに思い出してほしい、私からの5つのメッセージで、本書を締めたいと思います。

①外国語の習得には1％の才能もいりません。器用さもセンスも必要ありません。正しい方法と謙虚さをもって努力するのみです。

②外国語を学ぶことは未知の世界との遭遇です。楽しみながらマスターして外国人の心の「扉」を開きましょう。

③語学の勉強に踏み出せないとき、勉強に行き詰まったとき、自分が外国人と話している格好いい姿をイメージしましょう。

④外国語学習は毎日しなくてもいいのです。オンとオフをうまく使い分けましょう。

⑤語学の目覚めは、ある日突然やってきます。自分を信じて、あきらめずにチャレンジを続ければ、国際人への道が必ず開けます！

青春新書
INTELLIGENCE

こころ涌き立つ「知」の冒険

いまを生きる

"青春新書"は昭和三一年に――若い日に常にあなたの心の友として、その糧となり実になる多様な知恵が、生きる指標として勇気と力になり、すぐに役立つ――をモットーに創刊された。

そして昭和三八年、新しい時代の気運の中で、新書"プレイブックス"にその役目のバトンを渡した。「人生を自由自在に活動する」のキャッチコピーのもと――すべてのうっ積を吹きとばし、自由闊達な活動力を培養し、勇気と自信を生み出す最も楽しいシリーズ――となった。

いまや、私たちはバブル経済崩壊後の混沌とした価値観のただ中にいる。その価値観は常に未曾有の変貌を見せ、社会は少子高齢化し、地球規模の環境問題等は解決の兆しを見せない。私たちはあらゆる不安と懐疑に対峙している。

本シリーズ"青春新書インテリジェンス"はまさに、この時代の欲求によってプレイブックスから分化・刊行された。それは即ち、「心の中に自らの青春の輝きを失わない旺盛な知力、活力への欲求」に他ならない。応えるべきキャッチコピーは「こころ涌き立つ"知"の冒険」である。

予測のつかない時代にあって、一人ひとりの足元を照らし出すシリーズでありたいと願う。青春出版社は本年創業五〇周年を迎えた。これはひとえに長年に亘る多くの読者の熱いご支持の賜物である。社員一同深く感謝し、より一層世の中に希望と勇気の明るい光を放つ書籍を出版すべく、鋭意志すものである。

平成一七年

刊行者　小澤源太郎

著者紹介

中川浩一〈なかがわ こういち〉

1969年京都府生まれ。慶應義塾大学卒業後、1994年外務省入省。1998〜2001年、在イスラエル日本国大使館、対パレスチナ日本政府代表事務所（ガザ）、PLOアラファト議長の通訳を務める。その後、天皇陛下、総理大臣のアラビア語通訳官（小泉総理、安倍総理〈第1次〉）や在アメリカ合衆国日本国大使館、在エジプト日本国大使館、大臣官房報道課首席事務官などを経て2020年7月、外務省退職。同年8月から国内シンクタンク主席研究員、ビジネスコンサルタント。著書に『総理通訳の外国語勉強法』（講談社現代新書）、『中東危機がわかれば世界がわかる』（幻冬舎新書）、『「新しい中東」が世界を動かす』（NHK出版新書）など。

元総理通訳が教える
たった2単語で
話がはずむ英会話

青春新書
INTELLIGENCE

2025年3月15日　第1刷

著　者　　中川浩一

発行者　　小澤源太郎

責任編集　株式会社プライム涌光

電話　編集部　03(3203)2850

発行所　東京都新宿区若松町12番1号　株式会社青春出版社
〒162-0056
電話　営業部　03(3207)1916　振替番号　00190-7-98602

印刷・中央精版印刷　　製本・ナショナル製本

ISBN978-4-413-04717-3

©Koichi Nakagawa 2025 Printed in Japan

本書の内容の一部あるいは全部を無断で複写(コピー)することは著作権法上認められている場合を除き、禁じられています。

万一、落丁、乱丁がありました節は、お取りかえします。

こころ涌き立つ「知」の冒険！

青春新書 INTELLIGENCE

ファイナンシャル・ウェルビーイング	山崎俊輔	PI-674
これならわかる「カラマーゾフの兄弟」	佐藤優	PI-675
ウクライナ戦争で激変した地政学リスク 次に来る日本のエネルギー危機	熊谷徹	PI-676
「老年幸福学」研究が教える 60歳から幸せが続く人の共通点	前野隆司 菅原育子	PI-677
それ全部pHのせい	齋藤勝裕	PI-678
たった2分で確実に筋肉に効く 山本式「レストポーズ」筋トレ法	山本義徳	PI-679
寿司屋のかみさん 新しい味、変わらない味	佐川芳枝	PI-680
ネイティブにスッと伝わる 英語表現の言い換え700	キャサリン・A・クラフト 里中哲彦[編訳]	PI-681
定年前後のお金の選択	森田悦子	PI-682
新装版 日本人のしきたり	飯倉晴武[編著]	PI-683
新装版 たった100単語の英会話	晴山陽一	PI-684
「歴史」と「地政学」で読みとく 日本・中国・台湾の知られざる関係史	内藤博文	PI-685
組織を生き抜く極意	佐藤優	PI-686
無器用を武器にしよう 自分を裏切らない生き方の流儀	田原総一朗	PI-687
事例と解説でわかる「安心老後」の分かれ道 「ひとり終活」は備えが9割	岡信太郎	PI-688
生成AI時代 あなたの価値が上がる仕事	田中道昭	PI-689
【最新版】やってはいけない「実家」の相続	税理士法人レガシィ 天野隆 天野大輔	PI-690
老後に楽しみをとっておくバカ	和田秀樹	PI-691
歴史の真相が見えてくる 旅する日本史	河合敦	PI-692
やってはいけない「ひとりマンション」の買い方	風呂内亜矢	PI-693
既読スルー、被害者ポジション、罪悪感で支配 「ずるい攻撃」をする人たち	大鶴和江	PI-694
リーダーシップは「見えないところ」が9割	吉田幸弘	PI-695
日本経済 本当はどうなってる？	生島ヒロシ 岩本さゆみ	PI-696
年金+3万円〜10万円で人生が豊かになる 60歳からの新・投資術	頼藤太希	PI-697

お願い
ページわりの関係からここでは一部の既刊本しか掲載してありません。折り込みの出版案内もご参考にご覧ください。